금강산金剛山 한시선漢詩選

편역자 소개

김대현 kdh@jnu.ac.kr

현 전남대학교 국어국문학과·대학원 한문고전번역학과·
문화재학과 교수이며, 사) 호남지방문헌연구소 소장으로 있다.
일찍이 태동고전연구소(지곡서당) 한문연수원을 거쳐
성균관대학교 강사, 한림대학교 교수 등을 역임하였다.
한국한문학, 호남지방문헌에 대한 연구 등을 진행하고 있다.

『역주 무등산유산기』(광주민속박물관, 2010)
『호남문집 기초목록』(전남대학교출판부, 2014)
『역주 고산유고』(정미문화사, 2015)
『무등산 한시선』(전남대학교출판부, 2016)
『광주문화재단 누정총서』(공편, 심미안, 2018)
『사군자 한시선』(전남대학교출판문화원, 2019) 외

김대현 교수의 주제별 한시선 3

금강산金剛山 한시선漢詩選

인 쇄 2020년 2월 25일
발 행 2020년 2월 28일

편 역 김대현
발행인 정병석
발행처 전남대학교출판문화원
등 록 1981. 5. 21. 제53호
주 소 61186 광주광역시 북구 용봉로 77
전 화 (062) 530-0571~2
영업부 (062) 530-0573
팩 스 (062) 530-0579
홈페이지 http://www.cnup.co.kr
이메일 cnup0571@hanmail.net

값 10,000 원

ISBN 978-89-6849-708-7 (93810)

김대현 교수의 주제별 한시선 3

금강산 한시선

金剛山漢詩選

김대현 편역

전남대학교출판문화원

▪ 머리말

이별이 너무 길다. 세월이 너무 길다. 그리운 금강산을 못 가본 지 몇몇 해인가. 시인들이 찬미하고 화가들이 예찬하던 민족의 성산, 신선들이 사는 수수만년 아름다운 우리의 산. 알프스건 히말라야건 이 세상 못가는 곳이 없건만, 지금 우리는 그 산에 오르지 못한다.

더 늦기 전에 금강산에 오르고 싶지만 방법이 없다. 그리운 마음에 선조들이 남긴 자료들만 뒤적여 본다. 금강산의 명성만큼이나 금강산에 관한 인문 문화유산은 다양하고 그 수량도 엄청나다. 수천 수의 한시와 수백 편의 기행문, 그리고 수백 점의 그림으로 남아 있다. 20세기에 들어서는 많은 사진으로도 전한다.

한시의 나라라 할 만큼 많은 시를 남긴 우리의 선조들은 명승 금강산을 수도 없이 많이 읊었다. 그래서 일찍이 장편의 탐승기 「금강예찬」을 쓴 최남선은 말했다. 금강산 한시만 모아도 도서관이 될 거라고. 그러나 지금 우리나라 서점에는 우리가 읽을 수 있는 금강산 한시집 한 권이 없다.

금강산 한시가 조금이라도 모아지기는 조선말기 이유원의 『임하필기』 안에 일부로 수록되었고, 또 작자 미상의 『금강산집』이라는 방대한 필사본도 있다. 일제 강점기에는 월간지 『신민』에 금강산 특집호를 비롯하여 몇 군데 소개되기도 하였다.

또 1940년 전남 영광에서는 『금강시문』 두 책을 단행본으로 처음 발간하였다. 최근에는 금강산 한시집이 남과 북에서 두어 차례 간단하게 만들어졌지만, 이 또한 모두 다 절판이 되었다.

나는 겨우 한문책이나 넘기는 사람이지만 분단된 민족의 현실이 늘 부끄러웠다. 이에 아름다운 금강산을 시로나마 올라가고 싶은 마음으로 금강산 한시 일부를 모아서 번역하였다. 시를 읽는 동안 마음으로는 일만 이천 봉 곳곳에 서있는 듯 가슴이 벅찼다.

이 책은 분단 이후 민족의 통일을 꿈꾸었던 많은 분들에게, 특히 생전에 한시도 통일의 꿈을 버리지 않으셨던 나의 스승 청명 임창순 선생의 영전에 바치고 싶다. 어서 빨리 자유롭게 금강산에 가서, 동해의 아침 햇살 받으며 보석처럼 찬란하다는 비로봉에 오르고 싶다. 문병란 시인의 말처럼 선 채로 기다리기엔 슬픔이 너무 길지만, 그 날은 언제일까, 언제쯤일까.

2020년 새 봄에

멀리 금강산을 그리워하며 전남대학교에서　김대현

■ 목 차

* 최치원(崔致遠, 857~?)

구룡연

천 길 흰 비단 펼쳤는가
만 섬 진주 알 뿌렸는가

九龍淵	구룡연
千丈白練	천장백련
萬斛眞珠	만곡진주

주석

- 구룡연九龍淵 : 금강산 구룡폭포 아래 있는 연못이다. 구룡폭포는 중향폭포衆香瀑布라고도 부른다. 높이가 74m로 우리나라 3대 폭포 가운데 하나이다. 너럭바위에는 최치원의 이 시구가, 또 바위 절벽에는 미륵불이라는 글씨가 새겨져 있다.
- 천장千丈 : 장丈은 길이의 단위이다. 어른 한 사람의 키에 해당하는 길이이다. 천장은 매우 길다는 뜻으로 쓰인다. 이백李白은 「추포가秋浦歌」에서 근심 때문에 '백발이 삼천장이네/ 白髮三千丈'라고 하였다. '장'을 '길'이라고도 한다.
- 만곡萬斛 : 곡斛은 용량의 단위로 열 말을 가리킨다. 아주 큰 용량을 '만곡'이라고 한다. '만곡의 근심'이라 하여 근심처럼 계량할 수 없는 것에 사용하기도 하였다. '곡'은 '섬'이라고도 한다.

작자

최치원의 호는 고운孤雲으로 9세기 후반에 활동하였으며, 우리나라 한시 문학을 연 위대한 시인이다. 일찍이 중국에 건너가 벼슬을 하였으며, 돌아와서는 말년에 방랑을 하면서 저술과 창작에 전념하였다. 시를 만수나 지었다고 전하는데, 현재 남은 작품이 『계원필경桂苑筆耕』과 『고운집』 등에 전한다. 글씨도 잘 썼는데, 오늘날 남아 있는 것으로는 쌍계사의 「진감선사비문」 등 사산비명四山碑銘이 유명하다. 이 시는 구룡폭포 너럭바위에 있는 것으로 언제 새겼는지는 알 수 없다.

* 전치유(田致儒, ?~1170)

개골산

풀과 나무 조금 나 있으니 벗겨진 머리 터럭 같아
연기와 안개 반쯤 걷히니 어깨 드러낸 옷을 입은 듯
우뚝한 봉우리는 모두 뼈뿐이어 홀로 깨끗하니
응당 육산의 크고 살만 찐 걸 웃으리라

皆骨山	개골산
草木微生禿首髮	초목미생독수발
烟霞半卷袒肩衣	연하반권단견의
兀然皆骨獨孤潔	올연개골독고결
應笑肉山都大肥	응소육산도대비

주석

- 개골산皆骨山 : 금강산의 겨울 이름이다. 봄에는 온갖 꽃이 만발하여 화려하고 산수가 맑아 '금강산金剛山', 여름에는 온 산에 녹음이 짙어 '봉래산蓬萊山', 가을에는 단풍이 들어 '풍악산楓嶽山', 겨울에는 기암괴석이 드러나므로 '개골산皆骨山'이라고 한다. 금강이라는 이름은 『화엄경』에 나오는 말이어서 승려들이 주로 사용하였고, 일반에서는 풍악이라는 이름을 많이 사용했다고 한다.
- 단견袒肩 : 웃통을 벗는다는 말이다. 어깨를 드러내는 것을 말하였다.

작자

전치유의 호는 십구자十口子이다. 구체적인 활동자료는 전하지 않지만, 『고려사』에 의하면 의종 23년 1169년에 '내시內侍에 소속시켜 주었다'는 기록이 남아 있다. 내관으로 있다가 무신란으로 운명하였으며, 몇 수의 시가 전한다. 이 시는 '금강산'이라고도 되어 있는데, 『파한집』에 실려 있다. 특히 이 시의 세 번째 구는 우뚝하여 깨끗하다는 묘사를 하여 후세인들이 좋아하였다.

* 임유정(林惟正, 1140~1190)

개골산 장연사

가며가며 승경 찾으니 절로 속된 마음 잊혀져
좋은 건 산에 오르고 물에 임할 때라네
어지러운 폭포 솟아나는 샘물은 콸콸 흐르고
둘러선 봉우리 겹친 산은 들쭉날쭉 울창하네
이내는 아름아름 갠 날에도 젖어 있고
산빛은 푸르스름하니 비올 때 더욱 기이하네
이 때 이 경치를 누가 흥겨워하나
홍련사 주인 스님인 벽운 그분이로세

題皆骨山長淵寺 集句　제개골산장연사 집구

行行尋勝自忘機	행행심승자망기
好是登山臨水時	호시등산임수시
亂瀑飛泉鳴淅瀝	난폭비천명석력
回峯疊嶂鬱參差	회봉첩장울참차
嵐光黯靄晴猶潤	남광암애청유윤
山色空濛雨亦奇	산색공몽우역기
此景此時誰得意	차경차시수득의
紅蓮社主碧雲師	홍련사주벽운사

주석

- 집구集句 : 이 시는 여러 시인의 작품에서 한 구句씩 떼어 모아서 맞추어 만든 집구시이다. 이 시는 『동문선』 권 13에 실려 있다.
- 석력淅瀝 : 석淅은 쌀을 인다는 뜻이고, 력瀝은 거를 력瀝과 같은 뜻이다. 흔히 석력은 소리를 형용하는 의성어로 쓰인다.
- 참차參差 : 가지런하지 않은 모양, 들쭉날쭉한 모양을 가리키는 의태어로 쓰인다.

작자

임유정은 고려시대 문인으로 벼슬이 높지는 않았는데, 금성(지금의 나주)에서 외직을 거쳤던 것도 확인된다. 후대에 그를 '임좨주林祭酒'라 칭하고, 그가 지은 책의 이름에도 이러한 내용이 있는 것으로 보면 최종적으로 국자감의 좨주라는 벼슬을 지낸 것을 알 수 있다. 그는 '백가의체百家衣體'(백 사람의 옷이라는 말로 옛 사람의 시구를 모아서 시를 만드는 것) 시를 잘 지었던 것으로 유명하다. 그의 저작으로 『백가의시집百家衣詩集』이 전한다.

* 이인로(李仁老, 1152~1220)

영랑호

깊은 자줏빛 영랑호 붉은 해 여기서 목욕하다가
만 길 햇살 뿌리며 동쪽 바다에 솟았어라
새벽노을은 돌을 녹이고 무지개는 바위를 뚫고
단사로 변한 붉은 모래 몇 섬이나 되는지
잔잔한 가을 물에 연꽃이 피어난 듯
희디흰 은빛 상에 화살촉이 꽂힌 듯
푸른 물결 다한 곳에 신선의 동네 열리어
초가 사이 한 가닥 가는 길 구불구불 나있네
(절선)

永郞湖	영랑호
紫淵深深紅日浴	자연심심홍일욕
萬丈光焰浮暘谷	만장광염부양곡
晨霞爍石虹貫岩	신하삭석홍관암
蒸作丹砂知幾斛	증작단사지기곡
娟娟秋水出芙蓉	연연추수출부용
皎皎玉牀垂箭鏃	교교옥상수전촉
碧波窮處洞門開	벽파궁처동문개
一徑繚繞三茅腹	일경요요삼모복
(節選)	

주석

- 영랑호永郎湖 : 강원도 속초시 북쪽에 있는 석호潟湖로, 신라 때 국선國仙 네 사람이 금강산에서 수련을 마치고 돌아가던 중에 이 호수에 이르러, 영랑은 그 모습이 아름다워 이곳에 머물러 있었기에 호수 이름이 되었다고 한다.
- 양곡暘谷 : 해 뜨는 곳이다. 『회남자』 천문훈天文訓에 "해는 양곡에서 떠올라 함지에서 목욕한다/ 日出於暘谷 浴於咸池"라는 말이 있다.
- 기곡幾斛 : 몇 기幾이다. 몇 곡, 몇 섬이라는 뜻이다.
- 전촉箭鏃 : 전箭은 화살이다. 전촉은 화살촉이다. '살촉'이라고도 한다.
- 절선節選 : 한시에서 일부분을 뽑은 경우이다. 보통 시의 앞부분을 선택하였다는 말이다.

작자

이인로의 호는 쌍명재雙明齋이다. 무신정변 이후에는 불합리한 현실에 대한 비판이나 낭만주의적 경향의 시를 썼다. 선비들의 모임인 죽림고회竹林高會의 일원이며 시문집으로 『쌍명재집』이 있었다고 하나 전하지 않는다. 작품집으로 우리나라 최초의 시화집詩話集인 『파한집破閑集』이 남아 전한다.

* 김극기(金克己, 12세기 말~13세기 초)

통천 총석정

총석을 어찌 생황 모양에 비길 건가
기묘한 그 형상 표현하기 어려워라
처음에는 하늘을 괸 궁전의 기둥인가 하다가
다시 또 바다 위에 뜬 구름다리인가 하였네
깎아 세운 건 귀신의 솜씨로 공력을 들여
신령스런 힘으로 남몰래 정기를 쌓은 듯
물결소리 북을 치듯 어지러이 부서지니
물밑 검은 용은 꿈에서 얼마나 놀랄까

通川叢石亭	통천총석정
不用區區比鳳笙	불용구구비봉생
奇形詭狀諒難名	기형궤상량난명
初疑漢柱撑空去	초의한주탱공거
更恐秦橋跨海行	경공주교과해행
刻削鬼功偏耗巧	각삭귀공편모교
護持神力暗儲精	호지신력암저정
浪聲亂碎喧鼙鼓	낭성난쇄훤비고
潭底驪龍夢幾驚	담저여룡몽기경

주석

- 이 시는 통천 총석정에 대한 작자의 세 수 가운데 첫 번째 작품이다.
- 총석정叢石亭 : 강원도 통천 바닷가에 있는 누정樓亭이다. 바다에 빽빽이 솟아 있는 돌기둥〔叢石〕 위에 세워 총석정이라는 이름을 붙였다. 사람들은 흔히 총석을 생황 모양에 비유하기도 하였다.
- 봉생鳳笙 : 봉황의 형상으로 만든 생황을 가리킨다. 악부 가운데 「봉생편」이 있으며, 세상에서 한껏 풍악을 울리며 즐기는 것을 형용하기도 한다.
- 저정儲精 : 천지가 정기를 쌓아서〔天地儲精〕 만물을 만들어 낸다는 말이다.
- 여룡驪龍 : 흑룡黑龍을 말한다. 여룡주驪龍珠라는 말이 있는데, 여룡의 턱 밑에 있다는 진귀한 구슬을 말한다. 그 용이 잠들어 있을 때에 위험을 무릅쓰고 깊은 바다 속으로 잠수하여 구슬을 훔쳐 온 사람의 이야기가 『장자』 열어구列禦寇에 나온다. '여주驪珠'는 곧 여의주로, 아주 긴요한 문장이나 뛰어난 시문을 비유할 때 쓴다.

작자

김극기는 고려 중엽에 활동한 시인으로 호는 노봉老峰이다. 일찍이 진사시험에 합격하였으며 한림을 하였기에 김한림金翰林, 김원외金員外라고도 불렸다. 농민들과 깊이 사귀었으며 그들의 어려운 생활을 묘사하는 작품이 많다. 문집으로 『김거사집』이 있었으나 전하지 않는다.

* 민지(閔漬, 1248~1326)

금강산

관동의 제일명승 금강산
고성 북쪽에 우뚝 솟아 홀로 빼어났네
명산의 크기는 몇 천 아름이 되는지
두루 다녀보아도 그것을 아는 이 없어라
명산의 높이는 또 몇 천 길이나 되는지
높은 산꼭대기 은하수에 닿을 듯 말듯
하늘과 땅을 버티고 아스라이 솟았으니
크기로나 높이로나 누가 감히 따를 건지
(절선)

金剛山

關東一座金剛山
巋然獨秀高城北
惟山之大幾千圍
由旬數里無人識
惟山之高幾千丈
家頂似與銀河接
撐天柱地嵬嵬乎
厥大厥高誰敢及
(節選)

금강산

관동일좌금강산
규연독수고성북
유산지대기천위
유순수리무인식
유산지고기천장
가정사여은하접
탱천주지외외호
궐대궐고수감급

주석

- 유순由旬 : 범어梵語의 음역音譯으로서 고대 인도의 이수里數 단위이다. 제왕帝王의 하루 행군 길을 이르던 말이었는데, 보통 소달구지가 하루 동안 갈 수 있는 거리를 뜻한다.

작자

민지의 호는 묵헌默軒이다. 당대의 명망 높은 학자로서 『편년강목』, 『세대편년절요』 등을 편찬하였는데, 지금은 모두 전하지 않는다. 시문집으로 『묵헌집』이 있다. 그는 뛰어난 문장가에다가 독실한 불교신자였다고 한다. 그의 금강산 「유점사기楡岾寺記」는 유점사의 창건설화로 유명하다.

* 안축(安軸, 1282~1348)

금강산

하늘 중천 지나서 자줏빛 이내 속에 들어가니
이제야 알겠노라 산마루에 올랐음을
내 몸이 구름에 감기니 학을 타고 오른 듯
길은 가파른 벼랑에 걸려 하늘로 닿았네

金剛山	금강산
直過長空入紫煙	직과장공입자연
始知登了最高巓	시지등료최고전
身遂飛雲疑駕鶴	신수비운의가학
路懸危磴似拂天	노현위등사불천

주석

- 금강산이란 제목의 작자의 시 몇 수 가운데 한 수이다.
- 가학駕鶴 : 학을 탄다는 말로 득도한 신선을 비유할 때 쓰인다. 신선이 되어 하늘로 감을 뜻한다. 남조南朝 강엄江淹의 「별부別賦」에 "학을 타고 은하수에 오르고 난새를 타고 하늘을 난다/ 駕鶴上漢 驂鸞騰天"라는 구절이 있다.
- 위등危磴 : 가파른 비탈이나 돌계단을 말한다. '노현위등'이란 길이 가파른 벼랑에 걸려있다는 뜻으로 자주 사용된다.

작자

안축의 호는 근재謹齋로 강원도 관찰사 등을 지냈다. 어릴 때부터 시문에 능하여 자신의 생활체험을 시에 담아 읊었다. 그의 시 작품으로는 금강산 관동지방을 돌아보며 읊은 시를 묶은 본격적인 기행시집 『관동와주關東瓦注』가 있어서 널리 읽혔다. 또 경기체가인 『관동별곡』은 금강산을 소재로 한 국문시가 창작의 시초이다. 이와 별도로 시문집 『근재집』이 있으며, 『고려사』 109권에 「안축전安軸傳」이 있다.

* 이제현(李齊賢, 1287~1367)

마하연암

깊은 산 속 해는 한낮인데
풀잎에 맺힌 이슬 짚신을 적시네
옛 절이라 머무는 스님도 없고
흰 구름만 뜰에 가득하구나

摩訶衍菴	마하연암
山中日亭午	산중일정오
草露濕芒屨	초로습망구
古寺無居僧	고사무거승
白雲滿庭戶	백운만정호

주석

• 마하연암摩訶衍菴 : 마하연 암자이다. 이 절은 금강산에 있는 유점사楡岾寺의 말사末寺로, 신라 때 의상대사義湘大師가 지었다고 한다. 만폭동萬瀑洞의 끝자락 화룡담에서 계곡을 따라 5백미터 정도 올라간 가장 깊은 곳에 있었는데, 지금은 사라지고 터만 남았다.

작자

이제현의 호는 익재益齋·역옹櫟翁이다. 충선왕忠宣王의 부름을 받아 원나라에 가서 만권당萬卷堂에 머물면서 원나라 문인들과 어울렸다. 유명한 『역옹패설櫟翁稗說』은 역사책에 보이지 않는 이문異聞, 기사奇事와 경전經典, 인물人物, 시문詩文, 서화書畵 등을 비평한 글이다. 경주 구강서원龜岡書院, 금천金川 도산서원道山書院에 제향되었다. 『고려사』 110권에 「이제현전李齊賢傳」이 있다.

* 이곡(李穀, 1298~1351)

금강산

하늘에 가득 찬 구름 신비로운 빛
천자는 해마다 향을 내려 보내네
평생에 바라던 소원 이미 이루었거늘
깊은 산속 숨어살며 중이 될 필요까지야

金剛山	금강산
攙天雲色放神光	참천운색방신광
天子年年為降香	천자연년위강향
一望平生心已了	일망평생심이료
不須深處坐繩床	불수심처좌승상

주석

- 강향降香 : 유명한 사원寺院이나 묘우廟宇에 내리는 치전致奠 의식이다. 여기서는 금강산에 향을 올리는 의식이다. 당시 중국 원나라의 황제는 금강산을 숭앙하여 늘 향을 보내 분향하게 하였다. 당시 익제 이제현은 중국의 서쪽 아미산에 가서 강향한 일도 있었다.
- 승상繩床 : 호상胡床 또는 교상交床이라고도 하는 의자의 일종이다. 간편하게 접을 수 있도록 윗부분을 노끈으로 얽어 만들어 노끈이라는 뜻의 승상이라고 하였다. 보통 관원들이 하인에게 갖고 다니게 하거나, 사찰에서 승려들이 사용하였다. '승상에 앉다'는 말은 '승려로 산다'는 의미이다.

작자

이곡의 호는 가정稼亭이다. 뛰어난 문필과 외교적 수완으로 명성이 내외에 높았다. 역사와 문학에 대한 풍부한 지식이 있어 이제현과 함께 『편년강목』을 개작하였으며, 충렬, 충선, 충숙 세 왕대의 실록을 편찬하였다. 시문집으로 『가정집』이 있다. 그의 금강산 여행기 「동유기」는 1349년 8월 천마령天磨嶺을 넘으며 외금강 평해平海에 도착하는 여정이 기록되어 있는데, 후대에 많은 사람들이 애독하였던 유명한 유산기이다. 그의 '하늘을 찌르는 흰 눈 빛'이라고 예찬하는 시구 등 여러 편의 금강산 시가 있다.

* 정추(鄭樞, 1333~1382)

삼일포

삼일포 좋은 경치 하늘이 만들어서
서른여섯 봉우리 가을빛이 맑았구나
저 바다 한가운데 배 저을 수 없는데
어찌 남석이란 글자 분명하게 보일까
정자 앞에 비 뿌리니 모래도 소리 내고
포구의 가을 깊어 나뭇가지 떨어지는 소리
안상이 노닐던 옛 일 자세히 물어보리
신선들도 우리처럼 이 풍경 즐겼는지

三日浦	삼일포
一湖形勝自天成	일호형승자천성
三十六峰秋更清	삼십육봉추갱청
不有中流舟蕩槳	불유중류주탕장
那看南石字分明	나간남석자분명
亭前雨過鳴沙響	정전우과명사향
浦口秋深落木聲	포구추심락목성
細問安詳當日事	세문안상당일사
神仙也是足風情	신선야시족풍정

주석

- 삼일포三日浦 : 강원도 고성군高城郡 외금강면外金剛面 남쪽에 있는 호수 이름으로, 관동팔경의 하나이다. 신라 때 영랑永郞·술랑述郞·안상랑安詳郞·남석랑南石郞 네 국선國仙이 사흘 동안 이 호수에서 놀았다는 전설이 있다.
- 삼십육봉三十六峰 : 삼일포 주변에 있는 서른여섯 봉우리이다. 이 서른여섯은 도가의 삼십육동천三十六洞天, 신선이 산다는 서른여섯 곳 명산이라는 뜻과 연관되어 있다.
- 남석南石 : 신라 시대 삼일포三日浦에 와서 사흘을 놀았다는 네 신선 가운데 남석랑南石郞을 가리킨다. 삼일포에 있는 석벽石壁에는 '영랑도남석행永郞徒南石行'이라는 여섯 글자가 새겨져 있다.
- 안상安詳 : 신라 시대 삼일포三日浦에 와서 사흘을 놀았다는 네 신선 가운데 안상랑安詳郞을 가리킨다.

작자

정추의 호는 원재圓齋이다. 한때 정당문학 등의 벼슬을 하였으나 정치보다 학문에 관심이 높았으며, 시를 잘 지어 널리 알려졌다. 신돈辛旽의 죄를 탄핵하다가 도리어 큰 고초를 당하였고, 신돈이 제거된 후 성균관 대사성成均館大司成을 거쳐 정당문학政堂文學에 임명되었다. 특히 초서와 예서에 능한 당대의 명필이었다.

* 이달충(李達衷, 1309~1384)

통천 총석정

새벽부터 길을 나서 옥 봉우리 올라서니
바다 위 해 뜨는지 비단구름 짙어지네
산호 같은 나뭇가지 잎은 떨어지고
여울에 선 숫돌바위엔 물안개 자욱해라
고갯마루 비석은 그 세월 알 길 없고
눈썹 같은 소나무에 풍상이 쌓여있네
푸른 물결에 씻겨 이렇듯 맑다 읊지 말고
찬란한 경치 살아생전 볼 수 없다 노래 말기를
(절선)

通川叢石亭	통천총석정
冥捜晨登群玉峰	명수신등군옥봉
海日欲上雲錦濃	해일욕상운금농
珊瑚老樹枝葉脫	산호노수지엽탈
砥柱湍驚煙露重	지주단경연로중
歲月糢糊峴首碣	세월모호현수갈
風霜寂歷蛾眉松	풍상적력아미송
莫詠滄浪濯斯清	막영창랑탁사청
休歌粲爛生不逢	휴가찬란생불봉
(節選)	

주석

- 총석정叢石亭 : 해금강 총석 위에 있는 누정. 총석 중 바다 가운데 있는 네 석주石柱를 특히 사선봉四仙峰이라고 하는데, 신라의 네 화랑도가 이곳에서 놀며 경관을 감상하였다는 전설에서 이름 하였다. 관동팔경의 하나이다.
- 지주砥柱 : 중국 삼협三峽의 지주산砥柱山을 말한다. 탁한 황하黃河의 급류 속에 우뚝 버티고 서서 거센 물결을 혼자 감당하고 있다는 지주중류砥柱中流의 고사에서 유래하여, 혼탁한 세파에 흔들리지 않는 굳은 지조를 비유할 때 쓰인다.

작자

이달충은 고려 말기에 활동한 문인으로 호는 재정齋亭이다. 벼슬은 성균좨주, 호부상서까지 하였다. 집권관료들의 부패 무능을 비판하여 그들의 미움을 받고 여러 차례에 걸쳐 파면 당하는 등 곡절을 겪었다. 시에 능하였을 뿐 아니라 재능 있는 문장가로 명성을 떨쳤다. 시문집으로 『재정집』이 있다.

* 탁광무(卓光茂, 1330~1410)

금강산

재상의 풍류인가 문득 마음이 움직여
가을 깊은 오늘 금강산에 찾아왔네
비 오지 않을 때에도 구름은 늘 덮여 있고
겨울도 아니련만 곳곳은 눈처럼 빛나네
어느덧 앉은 곳에 구름이 맴도니
아마도 신선들이 이 산 위에 내린 듯
진달래 많아도 꽃은 아직 못 폈으니
산밑에 머문 봄도 올라오기 힘든 건가

金剛山	금강산
相國風流忽放往	상국풍류홀방왕
九秋今日到金剛	구추금일도금강
時時不雨常雲氣	시시불우상운기
處處非冬亦雪光	처처비동역설광
居然身在乱雲端	거연신재난운단
疑是神仙降此巒	의시신선강차만
中有杜鵑花未發	중유두견화미발
一般春亦上山難	일반춘역상산난

주석

- 상국풍류相國風流 : 흔히 재상이나 벼슬아치의 여유로운 풍류를 가리킨다.
- 거연居然 : 어느덧. 문득이라는 뜻이다.

작자

탁광무의 호는 경렴정景濂亭이다. 공민왕 때 신돈辛旽에게 아부하던 홍영통洪永通을 탄핵하였다. 뒤에 벼슬이 예의판서禮儀判書에 이르렀으며 문명이 높았다. 저서로는 『경렴정집景濂亭集』이 있다.

* 조운흘(趙云仡, 1332~1404)

금강산을 유람하며

금강산 아래 빗속에서 노니는데
흰 바위 구름에 덮이니 산은 머리가 없네
다시 산중의 몽천사夢泉寺에서 자는데
솔바람 소리 밤중에 우수수 들리네

遊金剛山	유금강산
金剛山下雨中遊	금강산하우중유
白石入雲山無頭	백석입운산무두
更宿山中夢泉寺	경숙산중몽천사
松風半夜鳴颼颼	송풍반야명수수

주석

• 몽천사夢泉寺 : 삼일포 북쪽 언덕에 있던 절이다.

• 이 시는 조용趙庸의 시라고도 알려졌다.

작자

조운흘의 호는 석간石磵이다. 1361년 홍건적의 침입으로 공민왕이 피란할 때 호종하여 이등공신이 되고 우왕 때는 서해도 관찰사로서 왜적을 토벌하였다. 대청도大青島와 소청도小青島를 비롯하여 버려져 있는 섬들을 개척해야 함을 극력 주장하였다. 조선 개국 후에 강릉 부사를 지냈다.

* 정몽주(鄭夢周, 1337~1392)

온천

땅속에 숨은 불같은 용이 물을 뿜어 올리니
봄기운 머금은 작은 골짜기 별천지라네
몸을 담그니 온갖 티끌 씻은 듯 가시고
춤추는 구름 따라 돌아가니 참으로 흥이 솟네

溫泉	온천
火龍吐水潛藏地	화룡토수잠장지
小洞含春別有天	소동함춘별유천
浴罷身心正無累	욕파신심정무루
舞雲歸興信悠然	무운귀흥신유연

주석

- 화룡火龍 : 전설 속에 나오는 온몸에 불이 붙은 신룡神龍이다.
- 귀흥歸興 : 일반적으로 전원에 돌아가 은거하고 싶은 마음을 의미한다. 여기서는 금강산의 풍광 좋은 곳을 유람하고 돌아가는 것을 말한다.
- 신信 : 진실로, 참으로의 뜻이다.

작자

정몽주는 고려 말기에 활동한 학자로 호는 포은圃隱이다. 지조가 굳은 학자로서 명망이 높았다. 말년에 끝까지 고려 왕조를 받들며 절의를 지키다가 이방원이 보낸 조영규에게 선죽교에서 죽음을 당했다. 그의 시문은 호방하고 준결하며, 시조 「단심가丹心歌」는 그의 충절을 대변하는 작품으로 후세에까지 회자되고 있다. 시문집으로 『포은집』이 전한다.

* 김구용(金九容, 1338~1384)

삼일포

물 깊고 누정 고요하여 세상 생각 사라지니
구름 속 신선들이 나를 반겨 부르는가
다행히 그대의 마음은 맑은 달과 같아
종일토록 난간에 기대며 돌아가길 잊었네
서른여섯 봉우리 가을비 맑게 걷히니
이곳은 신선의 땅이라 경치 더욱 그윽해
석양이 비끼어도 배를 돌릴 생각 않고
바람 부는 솔숲에서 달뜨기를 기다리네

三日浦	삼일포
水深亭静世情微	수심정정세정미
彷彿雲間嗅羽衣	방불운간후우의
賴有使君心似月	뇌유사군심사월
倚欄終日瞻忘歸	의란종일첨망귀
三十六峰秋雨晴	삼십육봉추우청
一區仙境十分淸	일구선경십분청
日斜未用輕回棹	일사미용경회도
風岸松汀待月明	풍안송정대월명

주석

- 뇌유賴有 : 다행히, 고맙게도 무엇이 있어서라는 뜻이다.
- 사군使君 : 지방관을 높여 부르는 말로 사또에 해당한다.
- 삼십육봉三十六峰 : 삼일포 안에 위치한 산봉山峯들을 말한다. 고려 시대 문인 안축安軸의 「삼일포」 시에 의하면 '삼일포는 고성 북쪽으로 7, 8리쯤에 있는데, 밖으로는 겹겹의 산봉들이 둘러싸고, 안으로는 서른여섯 봉우리가 빙 둘러 나열해 있다'고 하였다.
- 회도回棹 : 노 도棹이다. 배를 돌린다는 말이다.

작자

김구용의 호는 척약재惕若齋이다. 벼슬은 성균관 대사성에 이르러 성리학을 일으키는 데 일익을 담당하였으며, '구름과 이슬처럼 자유분방한' 시로 이름을 날렸다. 1384년 행례사行禮使로 명나라에 갔다가 공문을 잘못 썼다고 하여 대리大理에 유배되어 그곳에서 운명하였다. 문집으로 『척약재집』이 있다.

* 성석린(成石璘, 1338~1423)

풍악

일만 이천 봉우리
높낮이가 서로 같지 않다네
그대는 보이는가 해 뜰 때
어느 봉우리 가장 먼저 붉어지는지

楓嶽	풍악
一萬二千峰	일만이천봉
高低自不同	고저자불동
君看日輪上	군간일륜상
何處最先紅	하처최선홍

주석

- 이 시는 허균이 편찬한 「국조시산」의 첫머리를 장식한 시이다. 금강산의 일출장면을 상상하게 한다.
- 일만 이천 봉一萬二千峰 : 이 '일만 이천'이라는 말은 『화엄경華嚴經』에서 금강산을 일러 "동해東海 가운데 팔만 유순八萬由旬의 (유순은 거리의 단위이다) 산에 담무갈보살曇無竭菩薩이 1만 2천의 보살과 더불어 항상 머물러 있다."고 하여, '일만 이천 봉'이라는 말이 만들어졌다. 고려 태조가 금강산 배재[拜岾]에서 담무갈보살에게 예를 드렸다는 이야기가 전한다.

작자

성석린의 호는 독곡獨谷이다. 고려 공민왕 때에 벼슬길에 올라 양광도 관찰사 등을 지내면서 왜구를 물리치는 데 공을 세웠다. 조선 초에는 영의정의 높은 벼슬도 한 바 있으나 여러 번 귀양을 가는 등 풍파를 겪었다. 시를 잘 짓고, 초서를 잘 써서 유명한데, 문집으로 『독곡집』이 있다.

* 강회백(姜淮伯, 1352~1402)

몽천사

푸른 바다 서쪽 기슭 호수를 이룬 곳에
맑은 물 잇닿은 곳 절 문이 우뚝하네
절 안의 종소리는 온 세상을 깨치는 듯
골 안의 피리소리 되어 하늘 높이 울려가네
비석 위의 붉은 글자 어제와 같건만
바위 위의 발자국엔 세월이 덧없어라
난간에 기대어 저 달에게 묻노니
몇 번이나 만월 되어 이 못 위에 비쳤는가

夢泉寺	몽천사
滄海西崖湖水前	창해서애호수전
寺門鏡浪勢相連	사문경랑세상연
上方鍾梵飄三界	상방종범표삼계
別洞笙下落九天	별동생하낙구천
石上丹書如昨日	석상단서여작일
岩頭白足任流年	암두백족임류년
靠欄問訊東來月	고난문신동래월
會照波心幾度圓	회조파심기도원

주석

- 몽천사夢泉寺 : 삼일포 북쪽 언덕에 있던 절이다.
- 상방上方 : 주지승이 기거하는 내실을 뜻하는데, 흔히 절을 가리킨다.
- 삼계三界 : 불교에서 중생이 윤회하는 욕계欲界, 색계色界, 무색계無色界의 세계를 가리킨다.
- 구천九天 : 가장 높은 하늘이란 의미이다. 원래 도가道家의 용어로 구소九霄라고도 한다.

작자

강회백의 호는 통정通亭이다. 벼슬은 이조판서, 정당문학 등을 지냈고 조선 초기에는 조준, 정도전 등과 대립하여 진주에서 귀양살이를 하였다. 시문집으로서는 『통정집』이 있다. 산청군 단성면의 단속사에는 수령 600년의 매화나무가 있는데, 이를 그가 손수 심었다고 한다. 그가 후일 정당문학政堂文學이 되자 주민과 스님들이 그 나무를 '정당매'로 부르게 되었다.

* 권근(權近, 1352~1409)

금강산

눈 속에 우뚝우뚝 천만 봉우리
바다구름 걷히자 드러나는 옥 연꽃
늠실대는 신비한 빛 푸른 바다 닮은 듯
꿈틀대는 아늑한 기운 조화를 모은 듯
우뚝 솟은 멧부리는 조도에 다다르고
그윽한 골 안에는 신선의 자취 서려있네
동쪽을 유람하면 정상에 올라서서
우주를 내려다보며 가슴 한 번 씻어야지

金剛山	금강산
雪立亭亭千萬峯	설립정정천만봉
海雲開出玉芙蓉	해운개출옥부용
神光蕩漾滄溟近	신광탕양창명근
淑氣蜿蜒造化鍾	숙기완연조화종
突兀岡巒臨鳥道	돌올강만임조도
清幽洞壑秘仙蹤	청유동학비선종
東遊便欲凌高頂	동유변욕능고정
俯視鴻濛一盪胸	부시홍몽일탕흉

주석

- 조도鳥道 : 높은 봉우리로 통하는 오솔길. 이백李白의 촉도난蜀道難 시에 "서쪽으로 태백성太白星을 바라보니 조도가 있다." 하였다.
- 홍몽鴻濛 : 우주가 형성되기 이전부터 있어 온 천지의 원기, 혹은 그와 같은 혼돈 상태를 가리킨다.

작자

권근의 호는 양촌陽村이다. 고려에서 조선에 걸쳐 여러 관직에 나아갔다. 역사에 대한 해박한 지식을 가졌고, 시문에 능하였다고 알려졌다. 문집으로 『양촌집』이 전한다. 그가 지은 이 금강산 시는 작자가 명태조明太祖에게 입조入朝했을 때 지은 응제시應制詩로 중국에서도 매우 유명해진 시이다. 그러나 당시까지 그는 금강산에 오른 일이 없었다고 하며, 나중에도 오르지 못하였다고 한다. 금강산에 대한 명나라의 관심이 매우 많았음을 알 수 있다.

* 한상경(韓尙敬, 1360~1423)

삼일포

이 고장 좋은 경치 그림으로 못다 그려
기묘한 봉우리들 맑은 물에 비쳐지네
여섯 글자 붉은 글씨 비바람에 씻겼어도
네 신선 놀던 자취 역력히 남아있네
화려한 정자 위에 풍류놀이 안겨오고
정갈한 절간에선 염불소리 들려오네
봉래산 들어서니 이리 온몸 상쾌한데
무슨 일로 인간 세상에 다시 마음 두리

三日浦	삼일포
一區勝景畫難成	일구승경화난성
點點奇峰照水清	점점기봉조수청
六字丹書雖剥落	육자단서수박락
四仙遊跡尚分明	사선유적상분명
華亭想見絃歌會	화정상현현가회
精舍猶聞梵唄聲	정사유문범패성
況在蓬壺毛骨爽	황재봉호모골상
世間何事更關情	세간하사갱관정

주석

- 화난성畵難成 : 그림으로도 그리기 어렵다는 말로, 아름다운 경치를 뜻하는 표현이다.
- 육자단서六字丹書 : 삼일포에 있는 석벽石壁에는 '영랑도남석행永郎徒南石行'이라는 여섯 글자가 붉은 글씨로 새겨져 있었다.
- 사선四仙 : 삼일포에서 놀았다는 네 신선을 말한다.
- 범패성梵唄聲 : 경전의 글귀나 게송에 곡조를 붙여서 부처의 공덕을 기리는 찬가이다.

작자

한상경의 호는 신재信齋이다. 고려 말에 과거에 급제하여 1392년 이성계의 왕위 추대에 가담하였다. 공양왕을 폐위시키고, 그가 내놓은 옥새를 들고 이성계에게 즉위를 간청하여 조선 건국 후 개국 공신 3등에 책록되고, 도승지에 임명되었다. 조선에서 우의정, 영의정의 높은 벼슬을 하였다.

* 유방선(柳方善, 1388~1443)

장안사

장안사 보배로운 땅 그윽하고 정갈하여
반나절 머물면서 한때를 즐거워하였네
부러워라, 저 스님들 시끄러운 일도 없이
늘그막 높은 베개에 한 세상을 맡기다니

長安寺	장안사
長安寶地最淸幽	장안보지최청유
半日淹留作勝遊	반일엄유작승유
羨殺道人無一事	선쇄도인무일사
白頭高臥任沉浮	백두고와임침부

주석

- 장안사長安寺 : 내금강에 있는 사찰로, 만천교萬川橋를 건너 왼쪽 산언덕에 있었다. 외금강의 유점사楡岾寺·신계사新溪寺, 내금강의 표훈사表訓寺와 더불어 금강산 4대 고찰로 꼽힌다. 지금은 터만 남아 있지만, 일제시기에는 전기 철도의 종점이었고, 금강산 관광의 기점이 되었다. 일찍이 이곡의 〈금강산장안사중흥비〉가 있는데, 장안사에는 120여 채의 불전이 있고, 불상도 만 오천 개가 넘었다고 할 정도로 큰 사찰이었다.
- 선쇄羨殺 : 부러워할 선羨, 죽일 살殺로 많이 쓰는 살은 '매우'라는 뜻일 때는 쇄로 읽는다. 대단히 부럽다는 뜻이다.
- 침부沉浮 : 오르락내리락하는 모습이다. 세상살이를 가리키는 말이다.

작자

유방선의 호는 태재泰齋이다. 어려서부터 학문탐구에 뜻을 두고 변계량, 권근 등 여러 문인들에게서 글을 배워 뛰어난 시로 이름났다. 여러 차례 유배를 당하였으며 이로 인하여 어지러운 정계와 담을 쌓고 원주에 살면서 창작에 전심하였다. 그의 문하에서 서거정과 같은 큰 문인들이 배출되었다.

* 신숙주(申叔舟, 1417~1475)

임금 모시고 풍악을 구경하며

풍악은 명산이라 세상에 기이한데
오늘에야 임금 따라 구경 왔다네
사람들은 구경거리 만나 흥에 겨워 살펴보다
해질녘 돌아올 때엔 제 나름 식견을 가졌네
천 봉우리 우뚝 솟고 백 갈래 시내 흐르는데
눈도 마음도 새로워라 티끌세상에서 깨어난 듯
험한 산 내려와 조용히 잠을 자도
여전히 들려오는 시내가의 여울 소리

扈駕觀楓岳　　호가관풍악

楓岳名山世所奇	풍악명산세소기
如今扈駕共君窺	여금호가공군규
人人各得瑰觀富	인인각득괴관부
日暮空將隻眼歸	일모공장척안귀
千峰玉立百川傾	천봉옥립백천경
駭目驚心世慮醒	해목경심세려성
出嶮就夷歸臥穩	출험취이귀와온
濱溪依舊聽灘聲	빈계의구청탄성

주석

- 호가扈駕 : 왕의 행차를 호종扈從하는 일이다. 뒤따를 호扈이다. 1466년 세조가 금강산을 찾을 때, 작자는 영의정으로 수행하였다.
- 척안隻眼 : 눈빛이 보통 사람보다 다름 즉, 남다른 식견을 말한다. 원래 척안은 불가의 용어로, 범부의 육안이 아니라, 진실한 정견正見을 갖춘 혜안이라는 뜻이다.

작자

신숙주의 호는 보한재保閑齋이다. 벼슬은 집현전 부수찬, 영의정까지 하였다. 당대의 대표적인 학자이자 문인이었다. 『훈민정음』을 창제하는 데 공로가 있으나 세조의 왕위찬탈행위에 동조한 것으로 하여 당대 사람들의 비난을 받기도 하였다. 『경국대전』『세조실록』『예종실록』을 편찬하였고 『동국통감』『해동제국기』 등을 저술하였다. 시문집으로 『보한재집』이 있다.

* 성임(成任, 1421~1484)

정양사

저 멀리 나앉은 정양사
진헐대의 가을 맑게 개었네
구름 낀 봉우리 한눈에 들어오니
어찌하여 세상에 마음을 두랴
해 비치면 수많은 절벽은 병풍이 되고
옥 같은 뭇 봉우리들 허공에 떠있네
이 경치에 마음 끌려 갈 길을 잊고
지팡이에 의지한 채 서성인다네

正陽寺	정양사
地逈正陽寺	지형정양사
秋晴眞歇臺	추청진헐대
雲山都在眼	운산도재안
塵世豈關懷	진세개관회
映日屛千疊	영일병천첩
排空玉幾堆	배공옥기퇴
貪看忘去路	탐간망거로
倚杖更徘徊	의장갱배회

주석

- 정양사正陽寺 : 백제의 고승 관륵과 강운이 창건하였고, 원효가 중창하였다고 한다. 일찍이 고려 태조가 이 절에 올라왔을 때 법기보살法起菩薩이 현신現身하여 석상石上에서 빛을 내었는데, 이 일을 잊지 못하여 빛이 나타났던 바위에 예를 드리고 절을 크게 중창했다고 한다.
- 진헐대眞歇臺 : 정양사 앞에 있는 봉우리로, 천을대天乙臺라고도 한다. 내금강의 전경이 잘 보이는 곳이다.

작자

성임의 호는 안재安齋, 일재逸齋이다. 문인인 성현의 형으로 전라도 관찰사, 지중추부사 등을 지냈다. 악학도감제조樂學都監提調를 지내며 음률의 정비에 힘썼고, 『경국대전』의 편찬에 참여하였다. 고금의 많은 사실들을 정리하여 묶은 설화집인 『태평통재』(80권)가 널리 알려져 있다. 문집으로 『안재집』이 있는데, 이 시 외에도 「유점사」 「표훈사」 등의 금강산 관련 시가 많다.

* 강희맹(姜希孟, 1424~1493)

금강산으로 돌아감을 전송하며

눈이 있어도 고작 언덕이나 보고
발이 있어도 문턱을 못 넘었지
평생 나는 다행히 두 귀가 있어
승지의 기이한 이야기 일찍이 들었다네
금강산이 높이 솟아 동쪽 바다 누르는 건
거령이 땅의 부족함을 보충하려 함이라네
영험하고 신이한 발자취가 하도 많아서
끝없는 이야기 나는 다 말할 수 없다네
(절선)

送歸金剛山	송귀금강산
有眼只許瞻丘垤	유안지허첨구질
有脚不得過門闑	유각부득과문얼
平生幸我有兩耳	평생행아유량이
勝地曾聞有異說	승지증문유이설
金剛山高鎭東溟	금강산고진동명
巨靈欲補坤維缺	거령욕보곤유결
靈蹤神跡富恢奇	영종신적부회기
更僕未窮談者舌	갱복미궁담자설

(節選)

주석

- 이 시의 원래 제목은 '일암이 금강산으로 돌아감을 전송하며/ 送一菴歸金剛山'이다. 일암은 조선초기의 시승詩僧이다. 신숙주, 서거정 등도 일암에게 시를 지어 주었다.
- 거령巨靈 : 황하黃河의 신 이름이다. 황하의 물줄기가 화산華山에 가로막혀 휘돌아 갈 수밖에 없자, 거령이 손을 들어 산의 머리를 쳐서 둘로 쪼갠 다음에 그 사이로 직진해서 흘러가게 하였다고 한다.
- 복僕 : 자신을 가리키는 겸칭이다.

작자

강희맹의 호는 사숙재私淑齋이다. 세조의 총애를 받아 세자빈객이 되었으며, 나중에 신숙주申叔舟 등과 여러 실록의 편찬에 참여했다. 맡은 일을 잘 처리했으며, 또 경사經史와 전고典故에 통달했던 당대의 뛰어난 문장가였다. 『경국대전』『동문선』『동국여지승람』 등 많은 책의 편찬에 참여했다. 그림도 잘 그려, 여러 작품이 남아 있다. 문집으로 『사숙재집私淑齋集』이 있고, 또 세상의 떠도는 재미난 이야기를 모은 『촌담해이村談解頤』 등이 전한다.

* 김종직(金宗直, 1431~1492)

금강산에 올라 일출을 바라보며

금강산 높아서 하늘을 찌를 듯한데
우뚝 솟은 바위들 가을 뼈를 드러냈네
부상의 먼 그림자 살며시 끌어당겨
일관봉 높은 모습처럼 함께 우뚝하네
내 옛날 기이한 곳 찾아서 절정에 올라
손으로 구름 헤치고 석실문을 두드렸네
동해 바다는 눈 아래 술잔만큼 작아보이고
팔방에서 바람이 불어와 정신이 아득하였지
(절선)

登金剛山看日出　등금강산간일출

金剛之山高揷天	금강지산고삽천
白石亭亭露秋骨	백석정정로추골
搏桑遠影暗句引	박상원영암구인
日觀孤標共崷崒	일관고표공추줄
我昔討奇凌絶頂	아석토기릉절정
手闢雲關敲石室	수벽운관고석실
滄溟眼底小如杯	창명안저소여배
八極風來神橫逸	팔극풍래신횡일

(節選)

주석

- 박상搏桑 : 동쪽 바다의 해 돋는 곳에 있다는 신목神木을 이르는데, 또는 그 신목이 있는 곳을 가리키기도 한다. 부상扶桑이라고도 한다.
- 일관日觀 : 원래 태산泰山의 봉우리 이름으로 해돋이를 보는 유명한 곳이다. 여기서는 금강산의 해돋이 봉우리를 가리킨다.
- 석실石室 : 신선이 사는 바위굴을 가리킨다. 상고 시대 선인仙人 광성자廣成子가 공동산崆峒山 석실에서 살았다 한다.

작자

김종직의 호는 점필재佔畢齋이다. 조선 전기 도학을 이끌었던 대표적인 성리학자였는데, 제자들과 함께 사림파를 형성하였다. 또 문장과 경술經術에 뛰어나 이른바 영남학파嶺南學派의 종조宗祖가 되었다. 연산군 시절 제자 김일손이 사초에 수록한 조의제문弔義帝文의 내용이 문제가 돼 부관참시를 당했다. 그는 금강산 기행시 뿐만 아니라, 지리산 등산기인 「유두류록遊頭流錄」을 짓기도 하였다.

* 김시습(金時習, 1435~1493)

장안사

소나무 전나무 우거진 오래된 도량
내가 찾아 와서 절간 문을 두드렸네
늙은 중은 선정에 들고 흰 구름은 둘러있어
들판의 학 옮겨 깃드니 운치가 깊어라
새벽 되어 해 솟을 때 금빛 지붕 번쩍이고
차 연기는 날려 용이 날아 움직이는 듯
깨끗하고 한적한 이곳을 두루 돌아보니
명예도 치욕도 모두 다 잊혀지는 듯

長安寺	장안사
松檜陰中古道場	송회음중고도량
我來剝啄叩禪房	아래박탁고선방
老僧入定白雲鎖	노승입정백운쇄
野鶴移棲清韻長	야학이서청운장
曉日升時金殿耀	효일승시금전요
茶煙颺處螫龍翔	차연양처점용상
自從遊歷清閑境	자종유력청한경
榮辱到頭渾兩忘	영욕도두혼양망

주석

- 박탁剝啄 : 손님이 찾아와 문을 두드리는 소리이다.
- 양처颺處 : 날릴 양颺으로, 차 끓이는 연기가 날린다는 말이다.

작자

김시습의 호는 매월당梅月堂이다. 세조의 왕위 찬탈 행위에 분격하여 읽던 책을 불사르고 유가의 의관을 찢어버린 다음 중의 옷차림을 하고 방랑생활을 하였다고 한다. 또 금오산에 들어가 소설 창작에 힘써 소설집 『금오신화』를 남겼다. 그 과정에 『탕유관서록』, 『탕유관동록』 등의 기행시집도 내놓았다. 특히 그는 금강산을 사랑하여 무려 여덟 번이나 관동의 명승을 찾아보았고 수많은 시와 일화를 남겼다. 만년에는 아예 금강산에 들어가서 살았다고 한다. 문집으로 『매월당집』이 전하는데, 금강산 시가 30여 수 가까이 남아 있다.

* 홍귀달(洪貴達, 1438~1504)

삼일포

예로부터 들어오던 삼일포
이제야 사선정 찾아 올랐네
호수는 희어서 은쟁반 무색케 하고
산에는 푸른 구슬병풍 둘러있는 듯
하늘은 높아 오색구름 떠돌고
오래된 바위엔 가을빛 서려있네
신선들 떠나간 지 이미 오래되어
옛 누정 지금은 터만 남아있구나
(절선)

三日浦	삼일포
昔聞三日浦	석문삼일포
今上四仙亭	금상사선정
水怕白銀盤	수파백은반
山圍蒼玉屛	산위창옥병
天空彩雲立	천공채운립
石老秋光淸	석노추광청
仙人去已遠	선인거이원
古亭今無楹	고정금무영
(節選)	

주석

• 사선정四仙亭 : 삼일포三日浦 안의 섬에 있는 누정이다. 삼일포와 사선정은 옛날에 네 신선이 여기서 놀다가 사흘 동안이나 돌아가지 않았다 하여 붙여진 이름이다.

• 무영無楹 : 기둥도 없이 터만 남아 있다는 말이다.

작자

홍귀달의 호는 허백당虛白堂이다. 벼슬은 호조판서, 좌참찬 등에 이르렀다. 연산군 때 무오사화戊午士禍가 일어나기 직전에 열 가지 폐단에 대해 직언하는 상소를 올렸다가 사화가 일어난 뒤에 좌천되었다. 1504년에 손녀를 궁중에 들이라는 명을 거역하여 장형杖刑을 받고 경원慶源으로 유배 가는 도중에 교살絞殺되었다. 문장에 뛰어나고 글씨에도 능하였으며, 성격이 강직하여 부정한 권력에 아부하지 않았다고 한다. 문집으로 『허백당선생유고』가 있다.

* 성현(成俔, 1439~1504)

금강산을 바라보며

무너지지 않는 금강산 하늘이 만들어 내어
앙상한 뼈 같은 깨끗한 모습 멀리 보니 더욱 맑아
험준한 푸른 암벽은 구름 밖에 드러나고
우뚝한 봉우리들은 햇빛 아래 환히 빛나네
들은 평평하니 산봉우리들은 소라가 떠오른 듯
바다가 가까워서 파도는 빗소리를 내는구나
서른여섯 봉우리가 다 경치 뛰어난 곳이라
봄바람에 시인의 정이 더욱 더 깊어지네

望金剛山	망금강산
金剛不壞自天成	금강불괴자천성
瘦骨無塵遠更清	수골무진원갱청
岌業翠屛雲外露	급업취병운외로
崢嶸玉筍日邊明	쟁영옥순일변명
郊平列岫浮螺影	교평열수부라영
海近飛濤作雨聲	해근비도작우성
三十六峯皆勝地	삼십육봉개승지
春風騷客太多情	춘풍소객태다정

주석

- 이 시는 '양진養珍 도중에 금강산을 바라보면서 고성 동헌의 운을 사용하다'라고 되어 있다. 양진은 강원도 고성군 환가현豢猳縣에 있던 역명驛名이다.
- 급업岌嶪 : 위태로운 모양을 가리킨다. 여기서는 우뚝한 모습이다.
- 삼십육봉三十六峯 : 고성군 삼일포三日浦 주변에 위치한 산봉山峯들을 말한다.

작자

성현의 호는 용재慵齋이다. 벼슬은 예조판서 등을 하였는데, 천문, 지리, 의학, 음악 등 다방면에 해박한 식견을 가진 대표적인 학자였다. 음악관계 책인 『악학궤범』과 수필집 『용재총화』등 유명한 저술을 남겼다. 문집으로 『허백당집』이 전한다. 또 「유금강산록」이 있었는데 전하지 않고, 다만 금강산 시 20여 수가 남아 있다.

* 채수(蔡壽, 1449~1516)

통천 총석정

금빛 자라 머리 위에 인 연꽃 봉우리
기괴한 돌 깎아낸 듯 짙은 안개 뚫고 섰네
아리송한 네 신선 간 곳 알 수 없거니
아득한 약수 물길 이천 굽이 겹쳤어라
(절선)

通川叢石亭	통천총석정
金鰲頭戴芙蓉峯	금오두대부용봉
怪石削出烟雲濃	괴석삭출연운농
芒芒四仙問無處	망망사선문무처
渺渺弱水二千重	묘묘약수이천중
(節選)	

주석

- 금오金鰲 : 금색의 자라이다. 전하는 이야기에 의하면, 자라 열다섯 마리가 동해 가운데 신선이 산다는 봉래蓬萊·영주瀛洲·방장方丈의 삼신산을 등에 떠받치고 있다고 한다. 흔히 봉래는 금강산, 영주는 한라산, 방장은 지리산으로 부르고 있다.
- 약수弱水 : 삼신산의 하나인 봉래산이 있는 섬을 둘러싸고 있는 전설 속의 물 이름이다. 새털처럼 가벼운 물체도 이 물에서는 금세 가라앉기 때문에 도저히 건너갈 수 없다는 전설이 있다.

작자

채수의 호는 나재懶齋이다. 성종 때 연산군의 생모 윤씨를 폐위하는 데 반대하였다가 파직되었다. 이후 다시 서용되어 성균관 대사성 등을 지냈으며, 1506년 중종반정에 가담하였다. 그 후에는 경상도 상주에 은거하며 독서와 풍류로 여생을 보냈다. 문집 『나재집』과 고전소설 『설공찬전薛公贊傳』이 있다.

* 남효온(南孝溫, 1454~1492)

성불암에서 일출을 보다

바다 빛 천리나 붉게 물들더니
아침 해 동해 위로 솟아오르네
밝은 빛도 사사로움 있는 듯
나라 동쪽 고을을 먼저 비추네
그래도 만국은 아직 어두워서
바삐 우는 아침닭 울음소리 들네
오늘 새벽 풍악산에 앉아
다행히 먼저 태양을 보는구나

成佛庵望日出　　성불암망일출

海色赤千里　　해색적천리
朝日上扶桑　　조일상부상
光明如有私　　광명여유사
先照國東鄉　　선조국동향
此時萬國暗　　차시만국암
猶聞曉鷄忙　　유문효계망
今晨坐楓岳　　금신좌풍악
幸先睹大陽　　행선도대양

주석

- 성불암成佛庵 : 성불사라고도 하는, 내금강의 암자이다. 안심대를 지나 사자령獅子嶺과 수점水岾을 넘어가면 있었다. 작자의 「유금강산기」에 '성불암에서 바다를 바라보니 여명에 하늘 동쪽에 붉은 빛이 비치더니, 잠깐 사이에 해가 솟아올라 온 바다가 다 붉게 보이고, 해가 간대[竿] 세 길이쯤 올라오니 바다 빛이 맑고 하얗다. 나는 단편시를 지어 기록하였다.'라고 되어 있다. 이 시가 그 시이다.

작자

남효온의 호는 추강秋江이다. 어지러운 정계에 환멸을 느끼고 산천을 유람하며 창작하는 것으로 낙을 삼았다. 세조의 왕위 찬탈 행위에 항거한 사육신의 절개를 『육신전』으로 지었고, 그로 인하여 생육신의 한 사람으로 알려지기도 한다. 문집으로 『추강선생문집』이 있고, 위에 말한 「유금강산기」가 널리 알려졌으며, 이 무렵 지은 금강산 한시가 30여수 남아 있다.

* 이원(李黿, ?~1504)

유점사에서 느낌을 적다

태평시절 임금은 좋은 풍속 베푸니
금빛 찬란한 기치창검 우리나라 밝게 비치네
저 행차 앞의 백관들 모두 어진 재상이라니
누가 먼저 말 멍에 끊어 충성을 다하려나

楡岾寺記感	유점사기감
太平眞主採民風	태평진주채민풍
玉節金戈照海東	옥절금과조해동
輦前文武皆周召	연전문무개주소
不識何人斷靷忠	불식하인단인충

주석

• 유점사楡岾寺 : 강원도 고성군 서면 백천교리 금강산에 있는 명찰이다. 원래 신라 남해왕 원년에 지은 사찰이다. 고려 때 민지閔漬가 찬한 「유점사기楡岾寺記」가 있다. 이 시는 금강산의 봉우리가 기치나 창검처럼 빛남을 비유적으로 묘사한 것이다.

• 단인斷靷 : 말의 가슴걸이 끈을 끊는다는 뜻으로, 단앙斷鞅과 같은 의미이다. 후한後漢 광무제光武帝 때 외효隗囂가 배반하여 이를 정벌하려 하자, 곽헌郭憲이 "천하가 처음 안정되었으니 가볍게 움직일 수 없다."라고 하면서 차고 있던 칼로 말의 가슴걸이 끈을 끊었으나 황제가 듣지 않았는데, 후에 영천潁泉에서 군사가 일어나게 되자 수레를 돌려 돌아와 곽헌의 말을 듣지 않았던 것을 후회하였다는 고사이다. 신하가 충언을 하는 것을 의미한다.

작자

이원의 호는 재사당再思堂이다. 김종직의 문인으로 벼슬은 예조좌랑, 도승지 등을 하였다. 연산군의 폭정을 반대하다가 유배를 당하였는데, 1504년 갑자사화로 처형되었다. 문집 『재사당일집』이 있고, 그 안에 1493년에 지은 「유금강록」이 실려 있으며, 많은 한시가 남아 있다.

* 이우(李堣, 1469~1517)

삼일포를 유람하며

금강산 한줄기 동해로 뻗어내려
서른여섯 봉우리 병풍처럼 둘러섰네
선경은 변함없고 신선들은 간데없이
풀이 난 바닷가엔 고깃배만 매어있네
붉은 글씨 구불구불 저녁볕에 비치더니
하늘에는 달이 떠서 호수 물을 비치네
하늘에도 밝은 달 물위에도 밝은 달
붉은 기운 천년토록 낮처럼 밝혀주네

遊三日浦	유삼일포
楓東一脈接蓬瀛	풍동일맥접봉영
六六螺鬟作四屛	육륙라환작사병
仙境不殊仙跡遠	선경불수선적원
魚舟閒繫白蘋汀	어주한계백빈정
丹篆驚蛇映晩晴	단전경사영만청
涵虛瓊韻鬪湖淸	함허경운투호청
共留甓社雙明月	공류벽사쌍명월
紫氣千年不夜明	자기천년불야명

주석

- 봉영蓬瀛 : 봉래蓬萊와 영주瀛洲의 병칭으로, 방장方丈과 함께 바다 가운데에 있다고 전하는 삼신산三神山을 가리킨다. 여기서는 바다를 말한다.
- 육륙六六 : 삼일포 주위에 있는 서른여섯 봉우리를 말한다.
- 단전丹篆 : 붉은 전서 글씨로, 삼일포 바위에 새겨진 여섯 글자를 가리킨다.
- 벽사甓社 : 중국에 있는 호수 이름이다. 이 호수 속에는 크기가 주먹만 한 구슬이 있어 빛이 10여 리를 비춘다는 전설이 있다. 삼일포 호수에 잠긴 달이 벽사호의 구슬 같다는 뜻이다.

작자

이우의 호는 송재松齋이다. 이황의 숙부인데, 1498년 문과에 급제하여 벼슬은 호조참판을 거쳐 강원도 관찰사에 이르렀다. 시문에 능하여 이름이 널리 알려졌는데, 문집으로 『송재집』이 있다.

* 박상(朴祥, 1474~1530)

금강산

진시황제는 명산을 진짜 만나지 못했을 거야
태산이 가깝지 않았다면 어찌 봉하여졌을까
금강산은 천자와 너무 멀리 떨어져 있어서
한갓 바닷가 팔만 봉이라고 알려질 뿐이었나

金剛山	금강산
秦帝名山眞未逢	진제명산진미봉
岱宗不近敢當封	대종불근감당봉
金剛累遠遺天子	금강누원유천자
海上徒聞八萬峯	해상도문팔만봉

주석

- 눌재선생속집訥齋先生續集에 실려 있는 「관동팔영」 시 가운데 두 번째 시이다.
- 대종岱宗 : 태산泰山을 이른다. 태산은 오악五嶽의 하나로 동악東嶽에 해당한다. 진시황秦始皇은 재위 28년(기원전 219년)에 동쪽으로 군현郡縣을 순행할 때 태산에 올라 태산 봉선비泰山封禪碑를 세우고 제사를 지냈다.

작자

박상의 호는 눌재訥齋이다, 1501년(연산군7) 문과에 급제하여 여러 관직에 나아가 청백리淸白吏에 녹선錄選되었다. 『동국사략東國史略』과 문집 『눌재집』이 있는데, 특히 시에 뛰어나서 후세인의 칭송을 받았다. 그는 광주에 살며 원림을 가꾸면서, 꽃과 나무에 대한 많은 시도 썼다.

* 김정(金淨, 1486~1521)

도심스님에게

비로봉 꼭대기에 해가 지니
동해 바다 하늘 멀리 아득해라
바위 아래 불 피우고 함께 잠을 자고
서로 손잡고 푸른 안개 속으로 내려오네

贈釋道心　　증석도심

落日毘盧頂　　낙일비로정
東溟杳遠天　　동명묘원천
碧巖敲火宿　　벽암고화숙
連袂下蒼煙　　연메하창연

주석

- 김정은 도심스님과 금강산 산속에서 푸른 바위에 불을 피워놓고 밤새워 이야기를 나눴다. 그가 도심스님과 손을 잡고 산을 내려오는 모습이 시 속에 담겨 있다.
- 비로毘盧 : 비로봉을 가리킨다. 금강산의 제일봉으로 가장 높으며, 내금강과 외금강을 구분짓는 경계가 된다.
- 연메連袂 : 소매 메袂로, 소매를 잇는다, 나란히 함께의 뜻이다.

작자

김정의 호는 충암冲菴이다. 1514년 순창군수가 된 그는 중종에게 직언을 하다 보은으로 유배를 당했다. 1년 만에 유배에서 풀려 한양으로 오는 길에 금강산에 들렀다. 1519년 기묘사화로 금산錦山에 유배되었다가, 진도를 거쳐 다시 제주도로 옮겨졌다. 그 뒤 신사무옥에 연루되어 사사되었다. 금강산 시가 20여 수 남아 있다. 제주 유배지에서 쓴 유명한 「제주풍토록濟州風土錄」이 있으며, 문집 『충암집』이 있다.

* 서경덕(徐敬德, 1489~1546)

금강산

아름다운 금강산 이야기만 듣다가
헛되이 이십 년이나 보내고 말았네
이제 청경의 땅에 와서
멋진 가을 하늘까지 보게 되다니
개울가 국화는 향기를 날리고
바위 뒤 단풍은 붉게 타오르네
숲 골짝에서 시 읊으며 걸으니
마음이 문득 깨끗해짐을 느끼네

金剛山	금강산
聞說金剛勝	문설금강승
空懷二十年	공회이십년
旣來淸景地	기래청경지
況値好秋天	황치호추천
溪菊香初動	계국향초동
巖楓紅欲燃	암풍홍욕연
行吟林壑底	행음임학저
心慮覺蕭然	심려각소연

주석

- 문설聞說 : 듣다가, 듣자하니.
- 공회空懷 : 부질없이 생각만 하다. 그냥 보내고 말았다는 말이다.

작자

서경덕의 호는 화담花潭이다. 평생 관직에 나가지 않고 송도松都에 머무르며 학문 연구와 교육에만 전념하였다. 황진이黃眞伊, 박연폭포朴淵瀑布와 함께 '송도 3절松都三絶'로 불린다. 문집에 『화담집』이 있다.

* 정사룡(鄭士龍, 1491~1570)

금강대 학의 보금자리

학이 오래 살면 날개가 푸르러진다는데
이슬에 잠자다 노을 마시며 마음 길러서일까
때로는 내려오지 않고 숨어서 살피지만
아마도 인연이 되면 자다가도 깨겠지

金剛臺鶴巢	금강대 학소
胎仙閱世羽衣青	태선열세우의청
警露餐霞養性靈	경로찬하양성령
隱見隨時下足訝	은견수시하족아
應緣緇俗有昏醒	응연치속유혼성

주석

- 금강대金剛臺 : 푸른 학이 그 위에 둥지를 틀어 청학대靑鶴臺라고도 한다.
- 태선胎仙 : 학鶴의 별칭이다. 조류 중에 유독 태생胎生이라는, 새끼를 낳는다는 전설에서 온 말이다.

작자

정사룡의 호는 호음湖陰이다. 벼슬은 대제학, 판중추부사 등을 지냈다. 시문과 음악에 조예가 깊어 당시에 노수신, 황정욱 등과 함께 3대가로 불렸다. 또 칠언율시에 능하여 그와 신광한을 쌍벽으로 꼽기도 하였다. 문집으로 『호음집』이 있다. 그는 금강산을 유람하고 기행시집 『관동일록』을 저술하였으며, 「유풍악」 등 30여 수의 시를 남겼다.

* 민제인(閔齊仁, 1493~1549)

다시 금강산을 유람하며

한 해에 두 번이나 금강산 찾았는데
골짜기는 예 같으나 풍경은 새로워라
고목에선 우수수 낙엽 지기 시작하고
차디찬 샘 졸졸 잔물결 일으키네
단풍나무 움켜쥐니 옷깃이 붉어지고
이끼 밟으니 버선도 푸른 물이 드네
해 저물어 흥이 잦고 산도 고요한데
절에서는 피리소리 몇 가닥 들려오네

重遊金剛山	중유금강산
一年重過金剛洞	일년중과금강동
洞府依然淸景多	동부의연청경다
古木蕭蕭初下葉	고목소소초하엽
寒泉激激乍生波	한천격격사생파
坐攀楓樹紅連袂	좌반풍수홍련메
踏破苔巖綠襯韡	답파태암녹친화
興盡日斜山更寂	흥진일사산경적
數聲歌笛出煙蘿	수성가적출연라

주석

- 격격激激 : 콸콸, 물이 흐르는 의성어이다.
- 좌반坐攀 : 붙잡다, 거머쥐다는 말이다.
- 친화襯韡 : 속옷 친襯, 신 화韡로 흔히 버선을 가리킨다.
- 연라煙蘿 : 초목이 무성한 곳에 이내가 끼고 등나무의 덩굴이 길게 뻗은 모습이다. 은거하거나 도를 수련하는 곳, 사찰을 뜻한다.

작자

민제인의 호는 입암立岩이다. 벼슬이 좌찬성에 이르렀으나 공주로 유배를 가서 운명하였다. 문집으로 『입암집』이 남아 있다.

* 주세붕(周世鵬, 1495~1554)

정양사

굳센 뜻은 학 타고 훨훨 날고 싶은 것이어서
평생소원 비로소 풀어서 가슴속 먼지 씻었네
만학천봉에 달빛 밝은 삼경의 밤에
금강산 제일봉에 홀로 섰다네

正陽寺	정양사
壯志每思跨鶴背	장지매사과학배
此生初得盪塵胸	차생초득탕진흉
月明萬壑三更夜	월명만학삼경야
獨立金剛第一峰	독립금강제일봉

주석

- 장지壯志 : 굳센 뜻, 늘 품고 있던 큰 뜻이다.
- 삼경야三更夜 : 삼경의 밤. 삼경은 밤 11시부터 새벽 1시까지이다.

작자

주세붕의 호는 신재愼齋이다. 풍기군수로 있을 때 최초의 서원인 백운동서원白雲洞書院을 창설하였으며, 안향安珦을 배향하였다. 저서로 『무릉잡고武陵雜稿』, 『죽계지竹溪誌』 등이 있다.

* 임억령(林億齡, 1496~1566)

금강산 봄노래

동쪽의 물가에는
구름과 안개 자욱한데
바라보니 큰 바다 위에
둥둥 뜬 봉래로구나

金剛春頌	금강춘송
寅賓之涘	인빈지사
雲霧晦霾	운무회매
漭然溟渤	망연명발
汎彼蓬萊	범피봉래

주석

- 임억령의 금강산 시에 사계절에 대한 시가 있다. 그 중 일부로 이는 봄 금강산을 읊은 부분으로, 「금강춘송」이라고 편자가 이름 붙였다.
- 인빈寅賓 : 인시寅時는 오전 3시부터 5시 사이이다. 인빈은 해가 떠오를 때 공손히 맞이한다는 뜻이다.
- 명발溟渤 : 명해溟海와 발해渤海를 합한 말로 보통 큰 바다를 가리킨다.

작자

임억령의 호는 석천石川이다. 박상朴祥의 문인이며, 당시 이름난 시인으로 호남 원림문학의 대표적인 작가이기도 하다. 문집 『석천집』에는 2천여수가 넘는 시가 남아 있다. 담양 부사가 되어서는 식영정을 건립하기도 하였다.

* 이황(李滉, 1501~1570)

금강산

큰 산이 동해 바다에 다가가 있어
웅장한 모습으로 하늘에 솟았구나
해와 달이 뜨고 지며 세월은 흐르고
예로부터 신선들이 모여서 사는 곳

내 한번 찾아가 만나보려 하여도
벼슬살이 얽매인 몸 애만 태웠네
아쉬운 건 신선되는 약방문이 없어
하늘 날아올라 소원 풀지 못 함이라네

金剛山	금강산
巨嶽臨東溟	거악임동명
雄雄半天出	웅웅반천출
日月互蔽虧	일월호폐휴
靈仙紛宅窟	영선분택굴
我欲往問之	아욕왕문지
塵纓甚拘鬱	진영심구울
恨無丹竈方	한무단조방
飛去宿願畢	비거숙원필

주석

- 작자의 모두 8수 같은 제목의 금강산 시 가운데 첫 번째와 두 번째 시이다.
- 택굴宅窟 : 집을 짓고 사는 것을 말한다.
- 진영塵纓 : 속세의 갓끈을 맨다는 뜻으로, 속세의 벼슬에 속박되는 것을 말한다.
- 단조丹竈 : 선약仙藥을 만들 때 사용하는 화덕이다.

작자

이황은 조선시대 대표적인 성리학자로 호는 퇴계退溪이다. 시문에 조예가 깊어 『도산십이곡』과 같은 국문 시가 작품도 창작하였고, 가장 많은 매화 한시를 남기는 등 2천 여수가 넘는 한시를 남겼다. 문집으로 『퇴계문집』이 있다. 그는 어느 사람에게 준 금강산 유산록의 서문에서, '오묘함을 즐기고 그윽함에 탐닉하더라도 현허玄虛함에 떨어지지는 않아야 하고, 더구나 황탄荒誕을 가까이 하면 안 된다'고 하였다. 도가의 은자인 양하거나, 세상을 어지럽히는 일을 하면 안 된다는 유학자적 관념이 드러나 있다.

* 임형수(林亨秀, 1504~1547)

시중대

명승에서 잔치 벌이니 용이 시샘하는지
비바람이 끊임없이 바다에서 불어오네
술상은 어지러이 흩어지고 사람들은 떠나
하늘의 밝은 달만 텅 빈 대에 비치네

侍中臺	시중대
龍公應妬勝筵開	용공응투승연개
風雨無端過海來	풍우무단과해래
狼藉盃盤人去後	낭자배반인거후
一天明月照空臺	일천명월조공대

주석

- 시중대侍中臺 : 금강산 구역에서 가장 북쪽 바닷가에 있던 바위로 관동팔경 가운데 하나이다.
- 용공龍公 : 풍우風雨를 맡아보는 신을 말한다.

작자

임형수의 호는 금호錦湖이다. 벼슬은 제주목사, 나주목사 등을 지냈다. 1547년에 양재역벽서 사건이 일어나자, 소윤 윤원형에게 대윤 윤임의 일파로 몰려 절도 안치된 뒤 곧 사사되었다. 특히 활을 잘 쏘아 명궁으로 널리 알려졌으며, 시로도 이름이 높았던 문인이다. 문집으로 『금호유고』가 있다.

* 노수신(盧守愼, 1515~1590)

배점

이 무릎은 안 굽힌 지 오래인데
이 마음은 무슨 일로 놀라는가
얼음산에 고운 햇빛이 나타난 듯
하얀 성가퀴에 흰 무지개가 걸린 듯
멀리 본 경관 현란하다 말을 마라
가까이 보면 선명할지 어찌 알랴
때때로 각각 새로운 면모 드러내니
나날이 점점 정이 들어가는구나

拜岾	배점
此膝久不屈	차슬구불굴
此心何事驚	차심하사경
氷山彩睍見	빙산채현견
粉堞白虹嬰	분첩백홍영
不道遐觀絢	불도하관현
何知褻翫明	하지설완명
時時各呈面	시시각정면
日日轉生情	일일전생정

주석

- 배점拜岾 : 금강산 서쪽에 있는 고개 이름이다. 이곡의 「동유기東遊記」에 의하면, 금강산에 들어가는 사람은 이 고개를 반드시 경유하게 되는 바, 고개에 오르면 산을 보게 되고, 산을 보면 자신도 모르는 사이에 이마를 조아리게 된다 하여 이렇게 이름 지었다고 한다.
- 빙산氷山 : 얼음산, 곧 하얀 암벽 봉우리를 형용한 말이다.

작자

노수신의 호는 소재蘇齋이다. 양재역 벽서 사건에 연루되어 19년간 진도에 유배되었다. 선조 즉위 후 유배에서 풀려나 영의정에 이르렀다. 시문에 능했으며 저서로 『소재집』이 있다. 1539년 금강산 유람을 하였으며, 「풍악30운」을 비롯하여 70여 수의 금강산 시가 남아 있다.

* 양사언(楊士彦, 1517~1584)

금강산

나는 들었지 세상 사람들이
고려 땅에 태어나기 소원이라는 말
금강산 경치를 바라다보니
만 이천 옥으로 된 봉우리라네

金剛山	금강산
吾聞天下人	오문천하인
願生高麗國	원생고려국
親見金剛山	친견금강산
萬二千峯玉	만이천봉옥

주석

• 원생고려국願生高麗國 : 고려는 당시 우리나라를 가리킨다. 이는 금강산이 훌륭함을 말하는 일화 중의 하나이다. 어떤 중국 사람이 우리나라 금강산을 구경하고 싶은 마음이 간절하여, '원하기는 고려국에 태어나서 금강산을 한번 보고 싶어라/ 願生高麗國 一見金剛山'라고 읊었다고 한다. 자료에 따라 송나라 소식蘇軾의 시구라고도 하고, 명나라에서 사신으로 왔던 주지번朱之蕃의 시구라고 하기도 한다.

작자

양사언의 호는 봉래蓬萊이다. 시와 문장으로, 또 글씨로도 이름을 날렸다. 산천의 절승을 사랑하였는데 특히 금강산에 남다른 애착을 가지고 많은 시를 창작하였고 일화도 적지 않게 남겼다. 만년에는 금강산에 들어가 구선봉 아래서 도가적인 삶을 살았다고 알려져 있다. 문집으로 『봉래집』이 있으며, 40여 수의 금강산 한시가 있다.

* 서산대사(西山大師, 1520~1604)

풍악산

장하다 풍악산
높이도 솟았구나
비바람 수도 없이 겪었을 텐데
푸르른 네 등줄기 굽히지 않다니

楓岳山	풍악산
壯哉楓岳山	장재풍악산
截然高屹屹	절연고흘흘
幾經風與雨	기경풍여우
脊梁長不屈	척량장불굴

주석

- 흘흘屹屹 : 산이 우뚝 솟은 흘屹이다.
- 척량脊梁 : 등뼈를 말한다. 금강산의 산맥을 등줄기라고 한 것이다.

작자

서산대사는 16세기 후반기에 활동한 승려이다. 법명은 휴정休靜이며, 호는 청허당淸虛堂, 서산西山이다. 임진왜란 때 70살의 고령으로 직접 승병부대를 만들어 평양성 싸움에 참가하여 큰 공을 세웠다. 또 수많은 제자들을 길러 내어 조선 선종禪宗의 부흥을 이루었다. 문집 『청허당집』에는 금강산 한시가 많이 남아 있다.

* 박순(朴淳, 1523~1589)

풍악에 들어가며

신선 만나러 가는 나를 가을바람이 전송하는데
비 내려 봉우리 씻기니 개인 뒤 모습 선명해라
걸음걸음 구비도니 붉은 비단을 두른 듯
아침마다 내 몸은 옥으로 된 하늘에 있는 듯

入楓岳	입풍악
秋風送我問羣仙	추풍송아문군선
雨濯攢峯霽色鮮	우탁찬봉제색선
步步路由紅錦障	보보로유홍금장
朝朝身在玉華天	조조신재옥화천

주석

- 금강산에 관한 작자의 4수의 시 가운데 한 수이다.
- 옥화천玉華天 : 옥으로 만든 아름다운 하늘이라는 뜻으로 금강산 산봉우리들을 말한다.

작자

박순의 호는 사암思菴이다. 영의정을 하였으나 당쟁의 폐해를 막는 데 대한 의견을 제기하다가 정계를 떠났다. 포천의 백운산에 들어가 살면서 저술과 후대교육으로 생을 보냈다. 문집으로 『사암집』이 전한다.

* 문익성(文益成, 1526~1584)

금강산을 유람하며

선경의 아름다운 풀 유난히도 푸른데
구름 짙은 골짜기 오솔길이 희미하네
학을 타고 찾아오니 봄빛은 이미 깊어서
물은 흐르고 꽃은 떨어져 새들은 지저귀네

遊金剛	유금강
仙生瑤草綠萋萋	선생요초녹처처
紫洞雲深路欲迷	자동운심노욕미
控鶴來尋春已老	공학래심춘이로
水流花落鳥空啼	수류화락조공제

주석

- 처처萋萋 : 풀이 무성할 처萋이다.
- 공학控鶴 : 당길 공控으로, 학을 탄다는 뜻이다. 흔히 궁궐을 숙위하면서 황제를 가까이서 모시는 관원을 말하기도 한다.

작자

문익성의 호는 옥동玉洞이다. 조식曺植의 문인으로 양양부사, 나주목사 등을 지냈다. 저술로 『옥동집』이 있다.

* 구봉령(具鳳齡, 1526~1586)

학가승을 전송하며

학을 타고 구름 속으로 가는 나그네
봄볕에 지팡이 짚고 동쪽으로 간다네
눈 쌓인 봉우리 요해의 달이 뜨고
언 폭포에는 옥 벼랑 바람이 불겠지
속세 밖에 삼천 세계 드넓은데
인간세상 온갖 생각 공허하다네
지난날 헛되이 꿈만 꾸었는데
그대 보내고 난 후 생각만 끝없어라

送鶴駕僧	송학가승
鶴背雲栖客	학배운서객
春光杖錫東	춘광장석동
雪峯瑤海月	설봉요해월
氷瀑玉崖風	빙폭옥애풍
域外三天闊	역외삼천활
人間百念空	인간백념공
向來徒費夢	향래도비몽
送爾意難窮	송이의난궁

주석

- 학가승鶴駕僧 : 학가는 흔히 황태자나 세자의 행차를 의미한다. 혹은 신선의 수레를 가리키기도 한다. 여기서 학가승은 세자의 행차와 함께 가는 승려를 가리킨다. 이 시는 원래 '풍악으로 유람가는 학가승을 전송하며/ 送鶴駕僧遊楓岳'라고 되어 있다.
- 요해瑤海 : 신선의 고향, 선경仙境을 가리킨다.
- 삼천三天 : 도교道教에서 말하는 신선이 사는 곳. 옥청玉淸·상청上淸·태청太淸을 삼청경三淸境이라 하며 또 삼천이라고도 한다.
- 난궁難窮 : 다함이 없다, 끝이 없다는 말이다.

작자

구봉령의 호는 백담栢潭이다. 대사헌·형조참판 등을 지냈다. 한때 암행어사로 황해도·충청도 등지에 나가 흉년과 기황으로 어지럽던 민심을 수습하였다. 만년에 정사精舍를 세워 후학들과 학문과 시작활동을 하였다. 저서로는 『백담집』이 있다.

* 구사맹(具思孟, 1531~1604)

금강대

만 이천 봉우리 안팎으로 절승인데
금강이란 이름 어찌 이 대에만 붙였을까
학이 한번 날아간 후 그 소식 알 길 없고
무너진 돌담 쓸쓸한 보금자리만 남았네

金剛臺	금강대
萬二千峰表裏開	만이천봉표리개
金剛何獨號玆臺	금강하독호자대
仙禽一去無消息	선금일거무소식
依舊寒巢石罅堆	의구한소석하퇴

주석

- 금강대金剛臺 : 표훈사 북쪽에 있는 석벽石壁이다. 푸른 학이 그 위에 둥지를 틀어 '청학대青鶴臺'라는 이름도 있다.
- 표리表裏 : 옷의 겉감과 안감. '안팎으로'라는 뜻으로 여기서는 내금강, 외금강을 의미한다.
- 선금仙禽 : 학을 가리킨다. 태선胎仙이라고도 한다.
- 무소식無消息 : 신선이 떠나버려 이제는 소식이 없다는 말이다.

작자

구사맹의 호는 팔곡八谷이다. 시문에 능하였으며, 벼슬은 좌찬성 등에 이르렀다. 문집으로 『팔곡집』이 전한다. 1590년 당시 강원도 관찰사였던 그는 강원 도사에 임명된 유몽인과 함께 금강산을 유람하였다.

* 권호문(權好文, 1532~1587)

풍악 스님 시축에 차운하여

눈 빛 천 개의 봉우리 바닷가 하늘에 접해 있고
푸른 구름과 푸른 학이 그 주위를 오간다네
신선이 바람수레 타는 걸 허락하지 않아
높이 오르지 못한 지 이십 년이네

次楓嶽僧軸韻　　차풍악승축운

雪色千峯接海天　　설색천봉접해천
碧雲青鶴往來邊　　벽운청학왕래변
飛仙不許飈輪駕　　비선불허표륜가
孤負危登二十年　　고부위등이십년

주석

- 비선飛仙 : 하늘을 나는 신선이다.
- 표륜가飇輪駕 : 바람수레. 원문의 표륜飇輪은 신선들이 바람을 타고 날아다니는 수레이다. 『장자』에 "바람을 수레바퀴로 하여 타고 다닌다."라고 하였다.

작자

권호문의 호는 송암松巖이다. 모친상을 당하자 벼슬을 단념하고 산수가 빼어난 청성산靑城山 기슭에서 독서하며 평생을 처사로 지냈다. 문집으로 『송암집』이 있다.

* 이순인(李純仁, 1533~1592)

금강산

만폭동 가운데 구름은 축축하고
비로봉 위에는 햇살이 비치네
옥피리 불면서 봄 골짜기 들어가니
푸른 복숭아 떨어진 곳 끝없는 꽃밭

金剛山	금강산
萬瀑洞中雲欲濕	만폭동중운욕습
毗盧峯上日初斜	비로봉상일초사
玉簫三弄歸春曲	옥소삼농귀춘곡
落盡碧桃無限花	낙진벽도무한화

주석

- 만폭동萬瀑洞 : 금강산 내금강內金剛에 있는 이름 난 골짜기이다. 원화동元化洞이라고도 한다. 진주담 등 이른 바 팔담八潭이 있다.
- 삼농三弄 : 흔히 악곡 이름인 '매화삼농梅花三弄'의 약칭이지만, 여기서는 '세 곡조'를 의미한다.

작자

이순인의 호는 고담孤潭이다. 1592년 임진왜란이 일어나자 예조참의로서 선조를 호종하였다. 중전과 동궁을 모시고 성천에 이르렀을 때 과로로 병이 들어 운명하였다. 이황·조식의 문하에서 수업하여 성리학을 연구하였으며, 특히 문장에 뛰어나 당시 '8문장'으로 불렸다. 문집으로 『고담집』이 있다.

* 윤두수(尹斗壽, 1533~1601)

사선정

삼일포 한복판에 작은 배 띄웠더니
저 언덕 절승에는 물과 구름 그윽하네
글 속에서 그리던 신선 노닐던 이곳
서른여섯 봉우리 가을풍경 펼쳐졌군

四仙亭 사선정

三日浦中泛小舟	삼일포중범소주
一邱形勝水雲悠	일구형승수운유
書來中憶曾遊處	서래중억증유처
三十六峯無盡秋	삼십육봉무진추

주석

- 삼일포三日浦 : 네 신선이 여기 와서 사흘을 놀았다고 하여 '삼일'이라는 호수이름이 붙었다. 둘레가 십여 리 정도 되는데, 그 안 섬에 있는 누정 이름은 사선정四仙亭이다. 주변에 서른여섯 봉우리가 있어서 삼십육봉三十六峯이라고 하였다.

작자

윤두수의 호는 오음梧陰이다. 벼슬은 대사간 등을 지냈고 임진왜란 때에는 좌의정으로 활약하였다. 역사에 대한 저술도 남겼는데 그 가운데 『평양지』가 널리 알려졌다. 문집으로 『오음선생유고』가 전한다.

* 이이(李珥, 1536~1584)

비로봉에 올라

지팡이 짚고 산꼭대기 오르니
휘몰아치는 바람 사방에서 불어오네
파란 하늘은 머리 위의 모자인 듯
푸른 바다는 손바닥 안의 술잔인 듯

登毗盧峯	등비로봉
曳杖陟崔嵬	예장척최외
長風四面來	장풍사면내
靑天頭上帽	청천두상모
碧海掌中杯	벽해장중배

주석

- 최외崔嵬 : 우뚝하다. 또 흙산[土山] 위에 바위[石]가 있는 것을 가리키기도 한다. 여기서는 물론 비로봉을 가리킨다.
- 장중掌中 : 손바닥 안, 가깝다, 사랑스럽다는 의미로도 쓰인다.

작자

이이의 호는 율곡栗谷이다. 조선시대 대표적인 사상가이자 문인이다. 그의 『십만양병설』과 신분제도의 개혁 등 진보적인 대책들로 유명하다. 문집으로 『율곡전서』가 전한다. 그는 금강산에 자주 들어가서 한시를 남겼는데, 어릴 때는 「경포대부」를 지어서 이름을 날리기도 하였다. 19세에 지은 시 「풍악행」은 3000글자에 달하는데, 주석이 자세하여 한 편의 유산기와 같다. 금강산의 아름다움은 짧은 형식으로 담기가 어려워서 유난히 긴 시가 많다는 말도 있다.

* 정철(鄭澈, 1536~1593)

금강산을 읊다

혈망봉 앞에는 사찰이 있어
찬 샘물이 돌문 마주하고 흐르네
가을바람에 실려 오는 피리소리 한 곡조
만산에 덮인 구름을 흩어지게 하네

金剛山雜詠	금강산잡영
穴望峯前寺	혈망봉전사
寒流對石門	한류대석문
秋風一聲笛	추풍일성적
吹破萬山雲	취파만산운

주석

- 잡영雜詠 : 이 시 저 시, 여러 가지 사물을 읊는다는 말이다.
- 혈망봉穴望峯 : 마하연의 남쪽에 있는 봉우리 이름이다.

작자

정철의 호는 송강松江이다. 한국문학사의 대표적인 작가이며, 특히 가사문학의 일인자로 알려져 있다. 1580년 강원도 관찰사로 갔을 때 지은 「관동별곡」은 금강산의 승경을 아름답게 묘사한 작품으로 유명하다. 가사집 『송강가사』가 널리 알려졌고, 문집으로 『송강집』이 전한다.

* 유영길(柳永吉, 1538~1601)

풍악산

만 이천 봉우리 밝은 달 솟아
안개 덮인 금강산에 빛을 비추네
월궁 속 항아는 늙어서인지
그가 던진 옥비녀만 허공에 꽂혀 있네

楓岳山	풍악산
萬二千峯月正中	만이천봉월정중
紫雲籠雪照西東	자운농설조서동
定知蟾閣嫦娥老	정지섬각항아노
抛却瓊簪倒插空	포각경잠도삽공

주석

- 섬각항아蟾閣嫦娥 : 섬각은 두꺼비가 사는 궁전, 달을 말한다. 항아嫦娥는 항아姮娥라고도 쓰는데, 달 속에 산다는 선녀 이름이다.
- 삽공插空 : 공중에 꽂혀 있다는 뜻으로, 이 시에서는 풍악산의 바위들이 솟아있는 모습을 항아의 비녀와 같다고 표현한 것이다.

작자

유영길의 호는 월봉月蓬이다. 벼슬은 예조 참판, 강원도 관찰사 등을 하였다. 문집으로 『월봉집』이 있다.

* 정곤수(鄭崑壽, 1538~1602)

금강산

금강산은 설악산과 이어져있는데
감발치고 오르니 푸른 안개 걷히네
동쪽에 해 솟으니 천지가 붉게 물들고
바다는 하늘과 닿아 동남으로 푸르네
누가 알리 이생에서 중을 찾아올 줄을
내 알겠네 전생에는 노자였을까
두 다리는 지치고 높은 흥취 다했으니
내일 아침 날 밝으면 구룡담 찾아가리

金剛山	금강산
金剛山與雪山參	금강산여설산참
着屐登臨捲翠嵐	착극등림권취람
日出鵬邊紅上下	일출붕변홍상하
海通天外碧東南	해통천외벽동남
誰知今世尋無竭	수지금세심무갈
自識前身作老聃	자식전신작노담
兩却已疲高興盡	양각이피고흥진
明朝欲向九龍潭	명조욕향구룡담

주석

- 참參 : 간여할 참參. 서로 이어져있다는 뜻이다.
- 착극着屐 : 나막신을 신는다는 뜻이다.
- 무갈無竭 : 금강산金剛山에 머물고 있다는 담무갈曇無竭 보살이다.
- 노담老聃 : 노자老子를 가리킨다. 담은 노자의 자字이다. 노자의 성은 이씨李氏이고, 이름은 이耳인데, 『도덕경道德經』의 저자로 전해진다.
- 구룡담九龍潭 : 구룡연九龍淵이라고도 한다. 금강산에서 가장 큰 폭포인 내금강 구룡폭포 아래에 있는 연못이다. 『신증동국여지승람』에 의하면 옛날 아홉 마리의 용이 숨어 있던 연못을 메우고 유점사楡岾寺를 짓자, 용이 여기로 옮겨 왔기 때문에 그렇게 불렀다고 한다.

작자

정곤수의 호는 백곡柏谷이다. 벼슬은 강원도 관찰사 등을 지냈다. 임진왜란 때는 임금을 호종하였고, 명나라와 외교활동을 수행하여 공을 세웠다. 문집으로 『백곡집』이 있다.

* 최립(崔岦, 1539~1612)

비 온 뒤 정양사에서

비로봉의 빼어난 자태 맑은 하늘에 떠 있어
일만 이천 봉우리 서로가 비슷비슷
금강산 진짜 골상을 보게 되었으니
온 산을 뒤지면서 발자취 남길 게 있으리

雨後正陽寺	우후정양사
毘盧秀色泛晴空	비로수색범청공
萬二千峯大略同	만이천봉대략동
正見金剛眞骨相	정견금강진골상
何須足迹遍山中	하수족적편산중

주석

• 정양사正陽寺 : 금강산에 있는 절 이름이다. 표훈사表訓寺 북쪽 산의 정맥正脈 높은 곳에 위치하여 시계視界가 확 트여 금강산의 여러 봉우리를 모두 볼 수 있다.

작자

최립의 호는 간이簡易이다. 탁월한 문장 실력으로 외교 문서 작성에 많이 관여하였으며, 세 차례에 걸쳐 명나라에 사신으로 다녀왔다. 시문에 재능이 있어 당대에 널리 알려졌다. 문집으로 『간이집』이 있다.

* 이달(李達, 1539~1612)

풍악의 맑은 구름

푸르고 푸른 산골짜기
위에는 아직 파란 단풍나무가 있네
때때로 맑은 구름 일어나는데
문득 산머리엔 비가 내리네

楓岳晴雲	풍악청운
蒼蒼谷口山	창창곡구산
上有青楓樹	상유청풍수
有時起晴雲	유시기청운
忽作山頭雨	홀작산두우

주석

- 산두山頭 : 산머리, 산꼭대기를 말한다.

작자

이달의 호는 손곡蓀谷이다. 문장과 시에 능하고 글씨에도 조예가 깊어 선조 때의 최경창崔慶昌·백광훈白光勳과 함께 삼당파三唐派 시인으로 이름을 떨쳤다. 그러나 서얼 출신이라는 신분적 제약으로 낮은 벼슬에 머물렀다. 이를 시문詩文으로 달래며 지금의 강원도 원주시 손곡리蓀谷里에 은거해 제자교육으로 여생을 보냈다. 문집에는 『손곡시집』이 있다.

* 김륵(金玏, 1540~1616)

정양사에서 두견소리를 들으며

산속은 사월이어도 꽃 보기 어려운데
두견새 피를 토해 어느 가지 물들였나
백발의 외로운 몸 여생은 아직 남아도
옛 생각이 가슴 가득 진정할 길 없어라

正陽寺聞杜鵑　　정양사문두견

四月山中花正稀　　사월산중화정희
寃禽啼血染何枝　　원금제혈염하지
孤臣白髮餘生在　　고신백발여생재
舊感塡膺不自持　　구감전응부자지

주석

- 두견杜鵑 : 두견새. 소쩍새. 옛날에 촉제蜀帝 두우杜宇가 원통하게 죽어서 변화했다고 하여 두견새라고 한다. 그 때문인지 봄철이면 밤낮으로 피눈물이 흐를 때까지 슬피 운다는 전설이 있다.
- 원금冤禽 : 두견새. 혹은 정위조精衛鳥의 다른 이름이다. 옛날 염제 신농씨炎帝神農氏의 딸이 동해東海에서 놀다가 빠져 죽어 정위精衛(신화 속의 새 이름)가 되었는데, 이 때문에 이 새는 원한이 사무쳐 늘 서산西山의 나무와 돌·자갈 등을 물어다 동해를 메운다고 한다. 여기서는 그냥 두견새를 가리킨다.
- 전응塡膺 : 메울 전塡, 가슴 응膺으로 가슴을 가득 메운다는 뜻이다.

작자

김륵의 호는 백암柏巖이다. 이황李滉의 문인으로 경상도 관찰사 등을 지내고, 대사성에 이르렀다. 강릉으로 유배를 가기도 하였는데, 이 시는 아마도 그 무렵 지어진 것으로 보인다. 문집으로 『백암문집』이 있다.

* 이정암(李廷馣, 1541~1600)

총석정

귀신의 조화인가 그 모양 한결같아
무리지은 돌 위에 정자 하나 우뚝하네
예전부터 이곳에서 즐긴 이들 얼마였나
슬픈 생각 이에 이르니 시구도 못 만드네

叢石亭	총석정
鬼斲神雕面面同	귀착신조면면동
一亭高峰石爲叢	일정고봉석위총
古來吟賞知多少	고래음상지다소
到此偏傷句不工	도차편상구불공

주석

- 귀착鬼斲 : 귀신의 솜씨로 깎은 것 같다는 뜻이다. 깎을 착斲이다.
- 편상徧傷 : 매우 슬프다, 서글프다는 말이다.

작자

이정암의 호는 사류재四留齋이며, 율곡 이이의 문인이다. 임진왜란 때 황해도 의병을 모아 활약, 황해도초토사가 되어 연안에서 왜군 3,000여 명을 포위 격파하였다. 전라도 관찰사 등을 하였으며, 문집으로 『사류재집』이 있다.

* 사명당(泗溟堂, 1544~1610)

불정암에 묵으면서

아름다운 숲속의 정자 계수나무에 가을빛
금강산에 묵는 길손 생각도 깊어지네
서풍이 불어오는 이 밤 이슬도 차디차
사람들은 정자에 기대어 산울림소리 듣네

宿佛頂庵	숙불정암
琪樹瑤臺桂影秋	기수요대계영추
蓬山宿客思悠悠	봉산숙객사유유
西風一夜露華冷	서풍일야노화냉
玉磬數峰人倚樓	옥경수봉인의루

주석

- 불정암佛頂庵 : 앞에는 불정대가 있다. 도곡의 「유금강산기」에 '세속에서 전하기를, 옛날에 불정화상佛頂和尙이 이곳에서 경전을 강설했기 때문에 이름붙인 곳이라고 한다.'라고 기록되어 있다.
- 옥경玉磬 : 옥 소리. 경쇠 경磬으로 소리이다.

작자

사명당의 승명은 유정惟政, 호는 사명당泗溟堂이다. 임진왜란 때 스승 서산대사의 격문을 받고 승병부대를 모아서 평양성 전투에 참가하였다. 그 후에 스승을 대신하여 승군을 통솔하였다. 전후에는 일본에 사신으로 가서 적극적인 외교활동을 하기도 하였다. 문집 『사명당집』에는 금강산 한시가 많이 남아 있다.

* 허봉(許篈, 1551~1588)

풍악에서 아우에게 부치다

팔월 십오 일 밤에
비로봉 정상에 홀로 섰네
계수엔 서릿발 차갑고
서풍엔 외기러기 날아가네

楓嶽寄舍弟　　풍악기사제

八月十五夜　　팔월십오야
獨立毘盧頂　　독립비노정
桂樹天霜冷　　계수천상냉
西風一鴈影　　서풍일안영

주석

- 허봉의 동생은 허균으로 둘 사이에 아주 친하였다. 허균은 그 형이 죽자 문집을 꾸며주기도 하였다.
- 계수桂樹 : 계수나무. 세상을 피해 숨어 살 곳이다. 여기서는 금강산을 뜻한다. 『초사楚辭』「초은사招隱士」 첫머리에 '계수나무 우거진 그윽한 산속/ 桂樹叢生兮山之幽'이라는 구절에서 유래하였다. 일설에는 금강산 내금강 구정봉九井峯 근처에 계수나무가 있었다고도 한다.

작자

허봉의 호는 하곡荷谷으로 허균의 형이다. 1574년 서장관으로 명나라에 다녀와서 『하곡조천기荷谷朝天記』를 쓰기도 하였다. 정치에 환멸을 느끼고 1588년 금강산에 들어가 운명하였다. 문집으로 『하곡집』과 『하곡수어荷谷粹語』 등이 남아 있다.

* 배용길(裵龍吉, 1556~1609)

풍악을 다시 유람하고 느낌이 있어

자라가 삼신산을 예맥의 동쪽으로 데려오니
빼어난 산수는 화공도 그리기 어려워라
달을 만든 옥도끼의 솜씨로 조각하고
산을 옮긴 신녀의 공력을 빌렸네
신령이 보호하여 산림이 창칼같고
바다가 빛이 나니 연꽃이 솟은 듯
옛날의 그 모습 더도 덜도 없으니
십팔 년이 지난 지금 기쁘게 다시 보네

重遊楓岳有感　　증유풍악유감

鰲擲三山濊貊東　　오척삼산예맥동
爭流競秀畫難工　　쟁류경수화난공
雕憑玉斧修蟾手　　조빙옥부수섬수
移借神娥負岳功　　이차신아부악공
護得靈仙森劍戟　　호득령선삼검극
光生溟渤茁芙蓉　　광생명발줄부용
舊時面目無添減　　구시면목무첨감
十八年今喜再逢　　십팔년금희재봉

주석

- 작자는 1583년 봄에 부친을 모시고 금강산을 유람하였는데, 이 시는 1600년 여름에 관찰사 홍혼洪渾과 함께 다시 유람하면서 지은 것이다.
- 척擲 : 던지다, 버리다. 자라는 삼신산을 등에 짊어지고 있다고 하는데, 예맥의 동쪽 즉 우리나라로 삼신산을 데려 왔다는 말이다.
- 수섬修蟾 : 섬궁(달)을 만든다는 말이다. 달에는 두꺼비가 살아서 섬궁蟾宮이라고 하였다.
- 신아神娥 : 신녀神女를 말한다.
- 십팔년十八年 : 작자가 18년 만에 다시 찾았다는 뜻이다.

작자

배용길의 호는 금역당琴易堂이다. 김성일의 문인으로 1592년 임진왜란이 일어나자 안동에서 의병을 일으켰다.

* 임전(任錪, 1559~1611)

금강산을 유람하고

인간세상 무엇이 그리 좋아
다시 또 세상으로 돌아가나
우스워라 산속의 물도
나를 따라 산을 내려오네

遊金剛山	유금강산
人間有何好	인간유하호
還復向人間	환부향인간
可笑山中水	가소산중수
隨人亦出山	수인역출산

주석

• 짧지만 아주 재미있는 시이다. 계곡물도 졸졸 따라 내려 온다는 표현은 사물을 의인화시킨 표현법이다.

작자

임전의 호는 명고鳴皐이다. 1592년 임진왜란이 일어나자 호남창의사湖南倡義使 김천일의 휘하에서 종군하였다. 권필과 쌍벽을 이룰 정도로 시명이 높았는데, 문집으로 『명고집』이 있다.

* 오윤겸(吳允謙, 1559~1636)

마하연

다리에 힘없는 늙은이라고 웃지를 마소
좋은 경치 만날 때면 맨 먼저 오른다네
내일 아침 또다시 마하연을 떠나서
비로봉 상상봉도 내가 먼저 올라야지

摩訶衍	마하연
莫謂老夫無脚力	막위노부무각력
每逢佳處便先登	매봉가처변선등
明朝又自摩訶衍	명조우자마하연
擬向毗盧第一層	의향비로제일층

주석

- 마하연摩訶衍 : 신라시대 의상이 창건하였다는 만폭동 계곡에 있는 사찰이다. 마하연은 위대한 가르침이라는 뜻의 불교어이다. 한국전쟁 때 모두 불에 타고 그 터만 남아 있다. 이 지역은 흔히 금강산의 심장이라고 말하기도 한다. 또 이 절에 살던 노스님과 김삿갓이 시 짓는 내기를 하였다는 일화도 전한다. 노스님이 '달이 희고 눈이 희니 천지가 다 희고/ 月白雪白天地白'라고 부르니 김삿갓이 '산이 깊고 물이 깊으니 나그네 수심도 깊네/ 山深夜深客愁深'라고 응대하였다는 시가 전한다.

작자

오윤겸의 호는 추탄秋灘이다. 벼슬은 영의정에 이르렀고, 강원도 관찰사도 하였다. 문집으로 『추탄고』가 있다.

* 이정구(李廷龜, 1564~1635)

금강산 승려가 시축을 가지고 와

백옥으로 만든 연꽃 일만 봉우리
생각하니 옛날에 지팡이 짚고 올라갔었지
암자의 늙은 스님이 혹시 안부를 묻거든
이 늙은이 아직 살아 있다고 전해 주시길

金剛山僧持詩軸　금강산승지시축

白玉芙蓉一萬峯　　백옥부용일만봉
憶曾扶杖上層空　　억증부장상층공
庵中老釋如相問　　암중노석여상문
爲報人間尚此翁　　위보인간상차옹

주석

- 이 시의 원제는 '금강산 승려가 시축을 가지고 와서 시를 지어 달라고 하기에 시권에 적힌 시에 차운하여 주필로 짓다/ 金剛山僧持詩軸求詩 次卷上韻走筆'라고 되어 있다. 주필走筆이란 즉석에서 운자를 내어 시를 짓는 것을 말한다.
- 부용芙蓉 : 연꽃.

작자

이정구의 호는 월사月沙이다. 우의정, 좌의정 등을 지냈으며, 문장에 뛰어나 신흠·장유·이식과 함께 조선 중기 한문사대가漢文四大家로 꼽혔다. 문집에 『월사집』이 있다. 그의 「유금강산기」는 동해안을 따라 고성에 가서 외금강에서부터 탐승에 올라 내금강을 거쳐 단발령으로 나오는 여정을 기록하였다.

* 최전(崔澱, 1567~1588)

풍악산을 유람하며

만 리 바람은 흰 바다 물결 위에 달리고
천 겹 구름은 옥으로 만든 연꽃 감싸고 있네
신선들은 대낮에도 난새 타고 간다는데
아득하여라 단발령의 붉은 노을만 바라보네

遊楓岳山　　유풍악산

萬里風驅銀海浪　　만리풍구은해랑
千重雲卷玉芙蓉　　천중운권옥부용
仙人白日驂鸞去　　선인백일참란거
望斷丹霞縹緲中　　망단단하표묘중

주석

- 풍구風驅 : 몰 구驅, 바람이 달린다는 뜻이다.
- 운권雲卷 : 말 권卷, 구름이 감싸고 있다는 뜻이다.
- 참란驂鸞 : 난새가 끄는 수레. 신선이 타고 다닌다는 수레를 이른다.

작자

최전의 호는 양포楊浦이다. 진사시에 합격하였으나 벼슬길에 오르지 못하고 요절하였다. 율곡 이이의 문인으로 시문이나 서화에 능하였다. 일찍이 경포대 시에, '봉호에 한 번 들어가니 삼천 년인데, 은빛 바다 아득한데 물은 맑고 얕네.'라는 구절은 고금에 없는 시구로 널리 알려졌다.

* 이흘(李忔, 1568~1630)

풍악 장안사를 유람하며

나는 본래 장안 사람인데
장안사에 잠시 노닌다네
고개 돌려 멀리 장안을 바라보니
몸은 장안에 있구나

遊楓岳長安寺	유풍악장안사
我本長安人	아본장안인
薄遊長安寺	박유장안사
回首望長安	회수망장안
身在長安裏	신재장안리

주석

• 장안長安 : 한양, 서울을 가리키는 말이다. 장안사에서 장안을 바라보니, 몸은 장안사에 있다는 뜻이다.

작자

이흘의 호는 오계梧溪이다. 사은사가 되어 명나라에 가다가 풍랑을 만나 겨우 살아 북경에 들어갔으나, 외교 문서를 전달한 뒤 옥하관玉河館에서 운명하였다고 한다. 저서로 『관주일록觀周日錄』 『설정집雪汀集』 『오계문집』 등이 있는데, 금강산 유람시가 많다.

* 허균(許筠, 1569~1618)

표훈사

반짝이는 단청 숲 사이로 빛을 뿜고
인적 없는 넓은 전당 풍경소리만 은은해
어쩌면 하늘에서 술친구 내려왔는가
향로연기 모락모락 구름같이 피어나네
낡은 절을 중수함은 그런 인연 있을 텐데
늙은 중 바친 그 정성 하늘도 감동하였으리
화려하게 꾸며진 절은 극락에 이른 듯하고
근심 어리던 부처는 얼굴 펴고 미소 짓네

表訓寺	표훈사
玲瓏金碧纈林端	영롱금벽힐림단
廣殿無人夕磬殘	광전무인석경잔
疑有龍天來酒徒	의유룡천래주도
爐烟霏作矞雲寒	노연비작율운한
寺廢重新亦有緣	사폐중신역유연
老師神力動諸天	노사신력동제천
珠宮忽湧蓮花地	주궁홀용연화지
相被曇無笑輾然	상피담무소전연

주석

- 금벽金碧 : 금빛과 푸른빛의 아름다운 빛깔. 보통 절의 단청을 가리킨다.
- 힐纈 : 염색 힐纈, 물들이다는 뜻이다.
- 잔殘 : 남을 잔殘, 은은하게 남아있는 모습이다.
- 주도酒徒 : 도徒는 무리이다. 술친구.
- 담무曇無 : 금강산에 머물고 있다는 담무갈보살曇無竭菩薩을 가리킨다.

작자

허균의 호는 교산蛟山이다. 벼슬은 형조판서 등을 지냈으나 광해군 때에 반정음모에 가담하였다는 혐의로 처형당하였다. 서민출신의 유능한 시인이었던 이달에게서 시문을 배웠고 그의 영향을 받아 신분에 따라 사람을 차별하는 당대 사회현실에 불만을 품고 있었다. 어려서부터 뛰어난 문학적 재능을 가지고 있던 그는 많은 저작을 남겼다. 한글소설 『홍길동전』을 지은 것으로 더욱 널리 알려졌다. 저서로 『성소부부고』, 『도문대작』, 『성수시화』 등이 있다.

* 전우치(田禹治, 16세기)

삼일포

늦가을 맑은 호수 찬 서리 내리는데
불어드는 산들바람 피리소리 실어 오네
신선이 탄 학은 오지 않고 하늘만 드넓어
서른여섯 봉우리에 가을달만 밝아라

三日浦	삼일포
秋晚瑶潭霜氣清	추만요담상기청
仙風吹送紫簫聲	선풍취송자소성
青鸞不至海天闊	청란부지해천활
三十六峰秋月明	삼십육봉추월명

주석

- 자소성紫簫聲 : 글자 그대로는 붉은 퉁소소리. 혹은 오죽으로 된 피리 소리 등을 가리키는데 여기서는 산에서 들리는 바람소리를 뜻한다.
- 해천海天 : 바닷가 하늘을 가리킨다.

작자

전우치는 16세기 개성의 송악산에 살았으며 시와 산문에 능하였다. 특히 도술을 부리는 기이한 재능을 가진 사람으로 알려졌으나 자세한 행적은 알 수 없다. 고전소설 『전우치전』에서 그는 지배계층의 탄압과 억압을 비판하고 백성들을 동정하는 인물로 그려져 있다.

* 한순계(韓舜繼, 16세기)

유점사

백 년 인생 이 신세 빈 배에 띄우고
남북으로 오고가며 명승 구경하였네
금강산 봉우리에 보름달 떠오르니
나그네의 이 흥취 걷잡기 어려워라

楡岾寺	유점사
百年身世泛虛舟	백년신세범허주
南北飄然作勝遊	남북표연작승유
正是峰頭三五月	정시봉두삼오월
能令佳客興難收	능령가객흥난수

주석

- 허주虛舟 : 빈 배. 인생을 살아감에 있어서 자신의 주관을 버리고 천진할 정도로 무심하게 대하는 모습을 빈 배에 비유한다.
- 난수難收 : 거두기가 어렵다는 말이다.

작자

한순계는 16세기에 활동한 학자로 자는 인숙仁淑, 호는 시은市隱이다. 화담 서경덕의 문하에서 공부하였고, 당대의 이름난 문인 이이, 성혼 등과 교제하면서 그 재능이 널리 알려졌다. 성대중이 지은 「시은선생전」이 있고, 문집 『시은집』이 있다.

* 양대박(梁大樸, 1543~1592)

불정대에 올라

천지가 개벽할 때 성문동 생겨났나
옥돌 같은 구정봉에 구름이 감도네
금강산 상상봉에 그 누가 올라 앉아
온 세상 굽어보며 혼돈을 다스렸나

登佛頂臺 등불정대

天開地裂星文洞 천개지열성문동
玉立雲飛九井峰 옥립운비구정봉
誰遣金仙頂上坐 수견금선정상좌
俯看清濁判鴻濛 부간청탁판홍몽

주석

- 불정대佛頂臺 : 구정봉의 서쪽에 있는 봉우리로 부처의 정수리를 닮은 바위라는 의미이다. 사람들이 바위 봉우리 위에 해가 떠오르는 모습을 보고서 불정대라고 명명한 것이라고 한다.
- 청탁淸濁 : 세상이라는 뜻이다. 세상은 맑고 혼탁함이 함께 있는 곳이기에 하는 말이다.
- 홍몽鴻濛 : 천지자연天地自然의 원기元氣로, 이 우주를 둘러싸고 있는 아득한 기운이다. 혼돈 상태를 가리킨다.

작자

양대박의 호는 청계靑溪이다. 임진왜란이 일어나자 친척들과 많은 사람들을 모아 의병을 조직하였다. 의병장 고경명과 연락하며 전주지방을 비롯한 여러 곳에서 싸웠으며 전쟁 중에 병으로 운명하였다. 일찍부터 시를 잘 지어 이름이 알려졌는데, 문집으로 『청계집』이 전한다. 「금강산 기행록」이 남아 있으며, 20여 수의 금강산 한시가 있다.

* 임숙영(任叔英, 1576~1623)

비로봉에 올라

개골산 올라서서 세상을 바라보니
높고 높은 하늘이라 인간 세상 아니구나
동해 물 길어다가 단술을 빚어내어
이 세상 모든 사람 취하게 하고 싶어

登毗盧峰	등비로봉
皆骨山頭望八垠	개골산두망팔은
大千召遞隔風塵	대천소체격풍진
欲傾東海添春酒	욕경동해첨춘주
醉盡寰中億萬人	취진환중억만인

주석

• 팔은八垠 : 은垠은 땅끝이다. 팔방을 가리킨다.

• 춘주春酒 : 가을에 수확한 쌀로 만들어 겨우내 익힌 봄술이다.

• 환중寰中 : 온 나라, 천하를 가리킨다. 기내 환寰은 인간세상을 말한다.

작자

임숙영의 호는 소암疎庵이다. 벼슬은 수찬에 이르렀으나 광해군 때에 비판적인 태도로 관직에서 쫓겨났다. 1623년 인조반정으로 검열檢閱에 등용되어 사관을 겸하였다. 시문에 능하여 이름이 널리 알려졌다. 문집으로 『소암집』이 있다.

* 이식(李植, 1584~1647)

풍악으로 가는 도중

산길이 깊숙한 단구로 접어드니
이 몸도 흰 학 되어 돌아가는 듯
돌칼처럼 에워싼 우뚝 선 봉우리들
잔뜩 이끼 낀 미끄러운 벼랑길
가까운 절간에서 빗줄기 피한 뒤
외나무다리 건너 근원을 찾아가네
구름 속의 저 관문 언제나 열려 있는데
속인들의 발자취는 드물기만 하구나

楓岳道中	풍악도중
路入丹丘邃	노입단구수
身疑白鶴歸	신의백학귀
峯危排石劍	봉위배석검
崖滑老苔衣	애활노태의
避雨叢林近	피우총림근
窮源小彴微	궁원소작미
雲關曾不掩	운관증불엄
塵躅到全稀	진탁도전희

주석

- 이 시의 원제는 '풍악으로 가는 도중 안생 광욱의 시에 차운하다/楓岳道中次安生光郁韻'이다.
- 단구丹丘 : 신선이 사는 곳, 금강산의 선경仙境이다.
- 총림叢林 : 많은 승려들이 모여서 수도하는 곳을 나무가 우거진 숲에 비유하여 이른 말로, 승려들이 모여 수도하는 사찰 등을 가리킨다.
- 소작小彴 : 외나무다리 작彴이다. 작은 다리를 가리킨다.

작자

이식의 호는 택당澤堂이다. 대사간, 대사성, 대사헌 등 여러 관직을 역임하였다. 문장에 뛰어나 이정구·신흠·장유와 함께 한문사대가로 꼽혔다. 문집으로 『택당집』이 있다.

* 이민구(李敏求, 1589~1670)

비로봉에 오르다

한 줄기 물빛 밝아서 무지개를 두른 듯
궂은 비 쓸어낸 듯 만 골짜기 개었다
숲에 가려 처음엔 원적동 희미하더니
구름과 노을이 점차 중향성마저 가리네
참모습은 겨우 그림에서나 볼 수 있는데
청정 세계는 부질없이 세상 밖으로 이름 전하네
비로봉 정상에 다리 뻗고 앉으니
세상의 하루살이 같은 삶 모두 덧없어라

上毗盧峯	상비로봉
川光一道繚虹明	천광일도료홍명
掃盡陰霏萬壑晴	소진음비만학청
樹木初迷圓寂洞	수목초미원적동
煙霞稍隔衆香城	연하초격중향성
眞形僅自圖中見	진형근자도중견
淨界空傳域外名	정계공전역외명
箕踞毗盧峯頂上	기거비로봉정상
世間蠓蠛摠浮生	세간몽멸총부생

주석

- 중향성衆香城 : 금강산 내금강의 영랑봉 동남쪽을 병풍처럼 둘러싸고 있는 하얀 바위들을 가리킨다. 중향성은 담무갈보살의 궁전이 있다는 성으로, 금강산도 담무갈보살이 살고 있어 바위들을 중향성이라 한 것이다.
- 정계淨界 : 청정한 불법의 세계이다.
- 몽멸蠓蠛 : 눈에놀이. 하루살이를 말한다.

작자

이민구의 호는 동주東州이다. 부제학·예조참판 등을 지냈다. 문장에 뛰어나고 사부詞賦에 능하였다. 저술을 좋아해서 평생에 쓴 책이 4000권이 되었으나 병화에 거의 타버렸다고 한다. 문집으로 『동주집』을 비롯하여, 『독사수필讀史隨筆』, 『당률광선唐律廣選』 등이 있다. 또 많은 금강산 시를 남겼다.

* 허계(許啓, 1594~1653)

금강산의 스님에게 주다

한 번 금강산 일만 이천 봉 작별한 후
십 년간 세상 생활에 이미 노쇠하였네
비로봉과 구정봉은 아무 일 없을 터이니
시원한 바람이나 타면서 노닐고 싶어라

贈金剛上人　　증금강상인

一別金剛萬二峯　　일별금강만이봉
十年塵跡已衰翁　　십년진적이쇠옹
毘盧九井應無恙　　비로구정응무양
欲御泠泠兩腋風　　욕어영령양액풍

주석

- 상인上人 : 스님. 승려를 높여서 이르는 말이다.
- 영령泠泠 : 시원하다. 청량하다는 뜻이다.

작자

허계의 호는 성암醒菴이다. 청나라의 연호를 사용하지 않아서 1642년(인조 20)에 이경여, 이명한, 신익성, 신익전 등과 함께 척화오신斥和五臣이 되어서 심양瀋陽에 잡혀가기도 하였다. 귀국하여 도승지가 되었고, 이어 병조, 예조참판을 역임하였다. 문집 『성암집』이 있다.

* 허목(許穆, 1595~1682)

비로봉

돌은 천년을 굴러내려도 땅에 이르기 어렵고
손은 한 자만 더 길면 하늘에 닿을 수 있으리

毗盧峰	비로봉
石轉千年難到地	석전천년난도지
手長一尺可摩天	수장일척가마천

주석

• 이 시는 한 대구만 남아 있다. 천년千年과 일척一尺을 대비시켜서, 비로봉이 높음을 형상화하고 있다.

작자

허목의 호는 미수眉叟이다. 벼슬은 우의정에 이르렀으나 근기남인近畿南人(실학의 원류가 된, 경기도 주변에 살던 사림)의 영수로 서인의 영수 송시열과 예학으로 논쟁하였다. 정계에서 물러나 저술과 창작으로 여생을 보냈는데, 문장과 글씨에 뛰어났다. 특히 전서篆書로 이름이 높았다. 저술로 『기언記言』 등이 전한다.

* 이해창(李海昌, 1596~1650)

진불암

가을철 밝은 햇빛 큰 나무에 떨어지고
문 앞에 선 나그네 갓 그림자 둥글구나
제사를 끝낸 중들 제단에서 바리 씻고
쓸쓸한 소리만 조각구름에 실려 가네

眞佛庵	진불암
秋陽爍爍上棡遷	추양삭삭상한천
客子臨門笠影丹	객자림문입영단
齋罷中壇僧洗鉢	재파중단승세발
孤雲曳去聲聲寒	고운예거성성한

주석

- 진불암眞佛庵 : 정양사에서 원통동을 지나 영랑점永郞岾 아래에 있는 암자이다.
- 삭삭爍爍 : 빛날 삭爍, 삭삭은 빛나는 모습.
- 단丹 : 붉게 칠한다.

작자

이해창의 호는 송파松坡이다. 벼슬은 사인을 지냈다. 문집으로 『송파집』이 전한다. 영덕盈德에 유배되어 그곳에서 만난 고산 윤선도와 교유한 시가 남아 있다.

* 정두경(鄭斗卿, 1597~1673)

금강산

개골산은 저 하늘과 나란하다지만
하늘처럼 높더라도 오를 수 있어
세찬 바람이 앞을 막아서가 아니라
산신령 사는 곳은 본디 흐릿했다지
동해에는 삼신산이 솟아 있으니
중원에 있는 오악 따위는 나지막하네
뭇 신선들 서로 살 곳 다툰다는데
서왕모는 서쪽 사는 것을 한탄하리라

金剛山	금강산
皆骨與天齊	개골여천제
天高亦可梯	천고역가제
風飆非是阻	풍표비시조
大隗本來迷	대외본래미
東海三神在	동해삼신재
中原五岳低	중원오악저
群仙爭窟宅	군선쟁굴댁
王母恨居西	왕모한거서

주석

- 대외大隗 : 옛날 중국의 산신령 이름이다. 그 사는 곳을 뜻한다.
- 삼신三神 : 발해渤海 가운데 있다고 하는 삼신산三神山이다. 여기에는 신선들이 사는데 불사약不死藥이 있고 새와 짐승이 모두 희며, 궁궐이 황금으로 지어졌다고 한다.
- 오악五岳 : 중국에 있는 다섯 개의 큰 산으로, 태산泰山, 숭산嵩山, 형산衡山, 화산華山, 항산恒山을 가리킨다.
- 왕모王母 : 서왕모, 서쪽 산인 곤륜산崑崙山에 사는 신선이다. 금강산과 같이 경치 좋은 곳에서 살지 못하는 것을 한탄할 것이란 뜻이다.

작자

정두경의 호는 동명東溟이며, 인조 때 부수찬, 정언 등을 역임하였다. 청나라가 강성하여지자 국방을 준비할 것을 여러 차례 강조하였으나, 채택되지 않았다. 그 뒤 여러 차례 벼슬을 받았으나 모두 나아가지 않았다. 문집 『동명집』이 있으며, 금강산 관련 여러 수의 시가 있다.

* 송시열(宋時烈, 1607~1689)

금강산에 유람하며

기이한 봉우리 일만 이천인데
바다 구름 걷히자 옥처럼 예쁘구나
젊어서는 병이 많았고 이제는 늙었으니
백년 인생에 명산을 저버렸구나

遊金剛山	유금강산
一萬奇峯又二千	일만기봉우이천
海雲飛盡玉嬋娟	해운비진옥선연
少時多病今來老	소시다병금래로
孤負名山此百年	고부명산차백년

주석

- 원시에는 '신기재의 절구 몇 글자를 고치고 김서원의 운에 차하다/ 聊改申企齋絶句數字次金西原韻'라는 부제가 붙어 있다.
- 고부孤負 : 외롭게 저버리다. 헛되이 저버리다는 말이다.

작자

송시열의 호는 우암尤菴이다. 서인의 대표적인 성리학자로 효종 조 이후 주요 관직을 두루 거치면서 정국을 주도적으로 이끌었다. 기사환국己巳換局이 일어나 제주도로 유배되었으며, 다시 서울로 압송되어 오던 중 정읍에서 사약을 받고 운명하였다. 문집으로는 방대한 분량의 『송자대전宋子大全』이 있다. 그는 이 시 외에도 '구름이 돌아가고 산만 홀로 서 있으니, 일만 이천 봉이라네'라는 시구를 비롯하여 여러 금강산 시를 남겼다.

* 홍여하(洪汝河, 1620~1674)

천일대에 비 갠 저녁

해 질 무렵 높은 곳에 오르니
가을 구름이 문득 절로 걷히네
산신령은 응당 나를 알아봤을까
영랑과 함께 온 적 있었는데

天逸臺夕晴　　천일대석청

落日登高處　　낙일등고처
秋雲忽自開　　추운홀자개
山靈應我識　　산령응아식
曾伴永郎來　　증반영랑래

주석

- 천일대天逸臺 : 금강산 내금강 헐성루 남쪽에 있는 토봉土峯으로 진헐대眞歇臺라고도 한다.
- 영랑永郞 : 금강산 바닷가에서 놀았던 네 신선 가운데 한 신선이다. 사선정四仙亭 등의 유적이 남아 있다.

작자

홍여하의 호는 목재木齋이다. 사간司諫을 지냈으며 남인 계열의 주자학자였다. 근암서원近巖書院에 배향되었으며, 문집 『목재집』이 전한다. 작자가 정유년(1657) 9월에 금강산을 올라갔다는 기록과 관련 시들이 남아 있다.

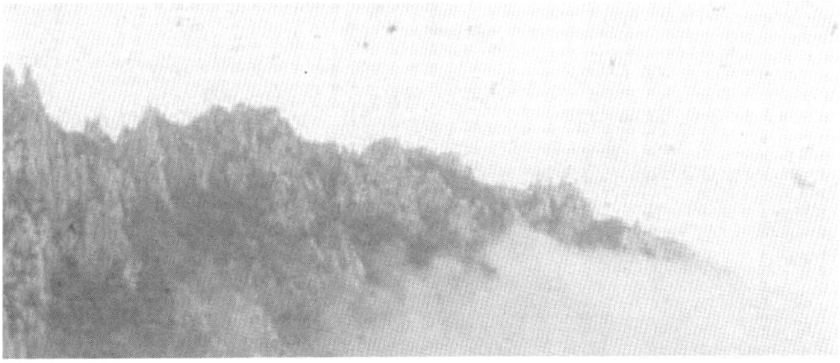

* 박세당(朴世堂, 1629~1703)

풍악

만송이 연꽃이 이슬에 젖은 듯
천 자루 창날이 서리에 씻긴 듯
신선이 봉래로 돌아갈 줄 모르고
산사의 아침저녁 종소리를 몰래 듣누나

楓岳	풍악
萬朶蓮開濯露容	만타련개탁노용
千枝戟插洗霜鋒	천지극삽세상봉
神仙失去蓬萊脚	신선실거봉래각
偸放花宮曉晩鍾	투방화궁효만종

주석

- 같은 제목의 풍악 시가 4수 있는데, 모두 매우 비유적이다.
- 천지극千枝戟 : 천 자루 창날. 금강산의 봉우리를 비유한 말이다.
- 봉래蓬萊 : 신선이 사는 땅이다.

작자

박세당의 호는 서계西溪이다. 경학에서부터 경세론에 이르기까지 연구하였던 학자였다. 그의 『사서집주四書集註』가 주자朱子의 학설을 비방하였다 하여 추방되었을 정도로 반주자학적인 유학사상을 전개하였다. 조선 후기 실학사상을 체계화하는데 기여하였다. 저서로 『사변록思辯錄』, 『서계집』 등이 있다.

* 남구만(南九萬, 1629~1711)

비로봉

흥취는 비로봉 위의 솟은 달에 있고
마음은 만폭의 맑은 물로 달려간다
봄이 다 가는 것에 시름하다가
그대 먼저 간 것을 부러워하였네
어느 날에 유점사로 들어갈 것인지
나는 오늘 아침 한양을 떠난다네
가거든 승경을 잘 기억했다가
암자 밖에서 반갑게 맞아주게나

毗盧峯	비로봉
興在毗盧月	흥재비로월
心馳萬瀑晴	심치만폭청
方愁春欲去	방수춘욕거
更羨子先行	갱선자선항
何日歸楡岾	하일귀유점
今朝別漢城	금조별한성
逝將追勝躅	서장추승탁
庵外肯相迎	암외긍상영

주석

- 비로봉毗盧峯 : 범어로 '비로毗盧'는 지극히 높다는 뜻인데, 이 봉우리가 금강산에서 가장 높기 때문에 그렇게 이름 붙인 것이다.
- 유점楡岾 : 금강산 동쪽에 있는 명찰名刹 유점사를 가리킨다.
- 탁躅 : 자취, 발자국이다.

작자

남구만의 호는 약천藥泉이다. 소론少論의 영수로 숙종 대에 환국換局 정국에서 정치적 파란을 겪기도 하였다. 영의정을 지냈으며 국정 전반에 걸쳐 경륜을 펼쳤고 문장에도 뛰어났다. 저서로 『약천집』, 『주역참동계주』가 있다.

* 임영(林泳, 1649~1696)

마하연

만폭동 근원 찾아 돌길 돌아드니
계수나무 꽃향기 중향성에 감도네
마하사 오래되어 승려 머물지 않고
아침저녁으로 흰 구름만 피어나네

摩訶衍	마하연
萬瀑窮源石路縈	만폭궁원석로영
桂花香動衆香城	계화향동중향성
摩訶寺古無僧住	마가사고무승주
唯有白雲朝暮生	유유백운조모생

주석

- 마하연摩訶衍 : 마하연나摩訶衍那의 약칭으로, 본래 불교 종파 가운데 대승大乘을 가리키는 말이다. 여기서는 금강산金剛山에 있는 유점사의 말사를 가리킨다.
- 만폭萬瀑 : 만폭동이다. 표훈사表訓寺에서 계곡을 따라 올라가 금강문金剛門이라 쓴 커다란 바위 문 뒤로 펼쳐지는 곳이다. 크고 작은 수많은 폭포가 있어 이러한 이름이 붙여졌다. 폭포 아래 형성된 팔담八潭이 유명하다.
- 중향성衆香城 : 마하연암의 뒤를 병풍처럼 에워싼 바위 봉우리들을 가리킨다. 또한 금강산의 다른 이름으로도 쓰인다.

작자

임영의 호는 창계滄溪이다. 대사헌·전라도 관찰사 등을 지냈다. 경전과 역사서에 두루 정통하였고, 문장에도 뛰어났다. 학문적으로는 퇴계와 율곡의 절충적인 입장을 취하였다. 문집으로 『창계집』이 있다. 작자는 다른 시구에서 '명산을 보지 못한 지 어언 삼십 년 '이라 하기도 하였다.

* 김창흡(金昌翕, 1653~1722)

비로봉

나의 유람 여기서 시작하여
가을날 비로봉을 오르네
확 트인 하늘 무엇이 있는가
높은 봉우리 땅은 이제 없네
둥글기도 한이 없이 둥글고
넓기도 가이 없이 넓어라
조선이 작다고 감히 말하면
하루살이가 이 몸 비웃을거야

毗盧峯	비로봉
吾遊於是始	오유어시시
秋日上毘盧	추일상비로
寥廓天何有	요확천하유
崢嶸地已無	쟁영지이무
圓歸黃鵠睹	원귀황곡도
闊入大鵬圖	활입대붕도
敢謂朝鮮小	감위조선소
蜉蝣笑此軀	부유소차구

주석

- 요확寥廓 : 텅 비고 끝없이 넓은 하늘.
- 황곡黃鵠 : 한 번 날면 천 리를 날아간다는 새이다. 그 새가 바라보아도 크고 둥글다는 뜻이다.
- 대붕大鵬 : 크기가 수천 리가 된다는 새이다. 대붕이 남해南海로 옮겨 갈 때 큰 회오리바람을 만나 구만 리를 날아오른 뒤에 여섯 달을 날아간다고 한다. 그 새가 날만큼 크고 높은 산이라는 뜻이다.

작자

김창흡의 호는 삼연三淵이다. 성리학에 뛰어나 형 김창협과 함께 학자로 이름을 떨쳤으며, 문집 『삼연집』이 있다. 이들 형제를 중심으로 한 노론계 문인들이 금강산을 새롭게 주목하고 금강산 여행기록을 남겨서 새로운 금강산 문예활동을 일으켰다. 금강산을 여러 차례 올라 많은 시를 남겼고, 겸재 정선과 함께 금강산에 가서, 정선이 금강산 그림을 그림으로써 우리나라 진경산수화가 크게 일어나게 되었다.

* 김창업(金昌業, 1658~1721)

마하연

정갈한 암자 하나 계곡에 숨어
나그네 속세인연 끊을 만했지
아득한 하늘에서 잎이 떨어지고
해묵은 섬돌 밑에 맑은 샘 솟아났네
어스름에 나는 건 학의 날개
겹겹이 솟은 봉은 아마도 연꽃
이 한밤 선잠 청해보지만
달려드는 상념은 이미 작년 일이네
(절선)

摩訶衍	마하연
精舍隱中谷	정사은중곡
遊人謝俗緣	유인사속연
幽窓披絳葉	유창피강엽
古砌俯清泉	고체부청천
暝翼時看鶴	명익시간학
重峰並擬蓮	중봉병의연
寄眠雖此夜	기면수차야
馳想已前年	치상이전년
(節選)	

주석

- 명익暝翼 : 어두운 곳에서 날개 짓하다.
- 치상馳想 : 상념이 달려가는 것을 말한다.

작자

김창업의 호는 노가재老稼齋이다. 17세기 노론의 정치가이자 유학자인 김수항金壽恒의 넷째 아들이다. 벼슬에 뜻을 두지 않았으며, 시와 그림에 뛰어났다. 형 김창집金昌集이 사은사로 청나라에 갈 때, 그를 따라 연경燕京에 다녀와 쓴 기행문 「노가재연행일기」가 유명하다. 저서로 『노가재집』이 있다. 이 시는 그가 금강산 유람을 한 무오년(1678) 다음 해 지은 시이다.

* 이의현(李宜顯, 1669~1745)

내금강산 진면목을 보며

고야선인의 빙설 같은 살결
창공에 솟은 빼어난 빛 맑고 고와라
이를 마주하니 정신이 상쾌해지고
가슴속 찌꺼기 말끔히 씻겼네

望見內山面目	망견내산면목
姑射仙人氷雪膚	고야선인빙설부
凌空秀色極淸姝	능공수색극청주
自從對此融神後	자종대차융신후
査滓胸中一洗無	사재흉중일세무

주석

- 내산內山 : 내금강산을 뜻한다.
- 고야선인姑射仙人 : 신선의 이름이다. 『장자』에 '막고야藐姑射의 산에 신인神人이 거주하는데, 살결이 빙설처럼 깨끗하고 부드럽기가 처녀와 같으며, 오곡을 먹지 않고 바람을 호흡하며 이슬을 마신다.'고 하였다. 또 '고야선인의 빙설 같은 살결'은 흔히 매화를 가리키는 말로도 사용한다.
- 사재査滓 : 찌꺼기라는 말이다.

작자

이의현의 호는 도곡陶谷이다. 김창협의 문인으로 문학에 뛰어나 당대 명문장가로 알려졌다. 숙종, 경종, 영조 대에 여러 벼슬을 하였고, 또 유배를 당하기도 하는 등 부침을 겪었으나 청렴 검소하여 청백리로 이름났다. 문집에 『도곡집』이 있는데, 그는 「석가봉」「지장봉」 등을 비롯한 여러 금강산 한시를 남겼다.

* 이병연(李秉淵, 1671~1751)

보덕굴의 석실

노승은 석실 안에서 가부좌를 하고
객이 와서 불상 앞에 향을 올리네
때때로 바위 걸친 구름을 내보내다가
강남 천 리 내리는 비 한가로이 바라보네

普德窟中石室　　보덕굴중석실

老釋安趺石室中　　노석안부석실중
床前客到添香炷　　상전객도첨향주
有時送出半岩雲　　유시송출반암운
閒看江南千里雨　　한간강남천리우

주석

- 보덕굴普德窟 : 금강산 만폭동 안에 있는 사찰이다. 고구려 때 승려 보덕이 창건하여 이름이 되었다. 뒤에 여기에 관세음보살상觀世音菩薩像을 안치하였는데, 이 관음상이 금강산 안에서 가장 영험이 있다고 전해진다.
- 노석老釋 : 늙은 석가. 또는 늙은 스님이다.
- 안부安趺 : 책상 다리를 하고 편히 앉는다는 말이다.
- 반암半岩 : 바위 중턱이라는 뜻이다.

작자

이병연의 호는 사천槎川이다. 김창흡의 문인이며, 영조 때 최고의 시인으로 일컬어졌다. 중국 문인들도 '명나라 이후의 시는 이 시에 비교가 안 된다.'라고 극찬하였다 한다. 평생 1만 수 이상의 시를 썼다고 하나 현재 전하는 것은 500여 수뿐이다. 문집『사천시초』2책이 전한다. 그는 1712년 강원도 금화金化의 수령으로 있으면서 정선과 함께 금강산을 유람하였는데, 정선의『해악전신첩海岳傳神帖』에 3천자에 달하는 장편 시를 쓰기도 하였다.

* 이하곤(李夏坤, 1677~1724)

장안사 산영루에 올라

잣나무 삼나무 깊고 울창한 십 리 길
높다란 다리 건너자 날 듯한 누대
절의 명성 높은 줄 처음부터 알았지만
중국에 신선의 산 드문 걸 이제야 알겠네
옥을 다듬어 승경 만들어 내었으며
꽃이 핀 물가에서 기이한 유람을 하였네
비온 뒤 앞산의 모습을 보려고
아름다운 누대 위에 기대어보네

登長安寺山映樓　등장안사산영루

老栢蒼杉十里幽　노백창삼십리유
危橋纔度卽飛樓　위교재도즉비루
元知佛刹名千古　원지불찰명천고
始信仙山少九州　시신선산소구주
以玉天能成勝地　이옥천능성승지
及花墺得辦奇遊　급화오득판기유
雨餘欲看前峰色　우여욕간전봉색
更倚朱欄最上頭　갱의주란최상두

주석

- 장안사산영루長安寺山映樓 : 금강산 제일의 사찰 장안사에 있는 누각이다. 비홍교飛虹橋라고도 부르는 만천교 다리를 건너면, 다리 안에 산영루山映樓가 있었다고 한다.
- 구주九州 : 고대에 중국을 9주로 나누었으므로, 중국 전체를 가리킨다.

작자

이하곤의 호는 담헌澹軒이다. 진사에 합격하였으나 벼슬에는 별로 뜻이 없어 학문과 서화에만 힘썼다. 화풍은 대체로 남종문인화풍을 따랐다. 시로도 이름을 날렸고, 문집 『두타초頭陀草』가 있다. 그는 삼연 김창흡의 문하를 출입하여 이병연 등과 교유하면서 정선의 화풍에도 큰 관심을 보였다. 그의 「동유록」에 금강산 시가 다수 실려 있다.

* 김원행(金元行, 1702~1772)

비로봉에 오르려다

가을날 천 겹의 비단 숲 오가노라니
설봉이며 은폭 흥취 거두기 어려워라
비로봉 못 오르고 유람을 마치지만
다시 봄바람 불면 저 위에 올라야지

欲登毗盧	욕등비로
出入千重錦樹秋	출입천중금수추
雪峰銀瀑興難收	설봉은폭흥난수
毗盧不躡吾遊未	비로불섭오유미
更待春風到上頭	갱대춘풍도상두

주석

- 이 시는 원래 '비로봉에 오르려다 안개비로 못 오르고/欲登毗盧霧雨不果'라고 되어 있다.
- 은폭銀瀑 : 흰 폭포를 가리킨다.

작자

김원행의 호는 미호渼湖이다. 김창협의 손자이고, 이재李縡의 문인이다. 신임사화 때 조부와 부친, 친형제 등이 죽거나 유배당하자, 벼슬할 뜻을 버리고 학문에 전념하였다. 저서로 『미호집』이 있다.

* 황경원(黃景源, 1709~1787)

학포를 유람하며

배 띄우고 오르락내리락 노래 부르며 듣노라니
출렁이는 조각배가 푸른 절벽에 멈추네
호숫가 구름 모래는 첩첩 산봉우리를 만들고
바람에 흔들리는 대나무는 텅 빈 바다에 울리네
바다 물결에 밝은 달 일렁이자 저녁 기러기 날고
먼 하늘에 서리 두르니 차가운 잎새 떨어지네
아스라한 서남쪽 만 개의 옥 빽빽하니
봉래산 경치는 멀리서도 또렷해라

游鶴浦　　유학포

順流歌吹逆流聽　　순류가취역류청
蕩漾輕舟逗翠屛　　탕양경주두취병
湖上雲沙生疊嶂　　호상운사생첩장
海中風竹響空汀　　해중풍죽향공정
波搖明月夕鴻起　　파요명월석홍기
霜匝遙天寒葉零　　상잡요천한엽령
極目西南森萬玉　　극목서남삼만옥
蓬萊山色遠亭亭　　봉래산색원정정

주석

- 이 시는 원래 '달밤에 배를 띄우고 학포를 유람하며/ 月夜泛舟游鶴浦'라고 되어 있다. 또 제목 아래 '멀리 풍악산 봉우리들이 바다 어귀에 은은하게 보이니 마음이 쓸쓸하다'라는 글귀가 붙어 있다.
- 학포鶴浦 : 강원도 통천通川 지역의 옛 지명으로 안변부安邊府 동쪽 60리쯤에 있는 포구이다. 오압산烏鴨山에서 뻗은 산줄기가 학포를 감싸고 남과 북에서 해안으로 뻗쳐 있는데 그 모습이 마치 학이 날개를 펴서 감싸 안은 것 같다 하여 학포라는 지명이 생겼다.
- 삼만옥森萬玉 : 만 개의 옥은 금강산의 일만 봉우리를 가리킨다. 금강산 봉우리가 늘어섰다는 뜻이다.

작자

황경원의 호는 강한江漢이다. 이조참판, 대제학 등을 역임하였으며, 예학에 정통하고 고문에 밝았다. 『남명서南明書』 등을 편찬하였고, 문집으로 『강한집』이 있다. 노론계 팔문장가의 한 사람이었으며, 금강산을 유람하고 팔담八潭 연작시를 비롯한 금강산 시를 남겼다.

* 강세황(姜世晃, 1713~1791)

헐성루에 올라

신선의 산 꿈에서만 그리며 직접 보기 어렵더니
문득 누대 앞에서 그 모습을 보게 되다니
시로는 이 장관을 잘 그려낼 수 없으니
그 누가 그림으로라도 교묘하게 그려낼까
명성보다 못한 헛된 문사가 없다고는 하지만
어찌하면 책 속에서 옛사람 만나볼 수 있을까
동파의 여산 진면목 시구를 끌어올 뿐
졸렬한 내 말 비웃음 사지는 말아야지

登歇惺樓	등헐성루
仙山夢想苦難親	선산몽상고난친
忽向樓頭見面眞	홀향루두견면진
未有詩篇能狀物	미유시편능상물
誰將繪事巧傳神	수장회사교전신
定知名下無虛士	정지명하무허사
如回書中見古人	여회서중견고인
且引坡翁廬嶽例	차인파옹여악례
休將拙語取嘲嗔	휴장졸어취조진

주석

- 같은 제목의 작자의 시 두 수 가운데 한 수이다.
- 헐성루歇惺樓 : 금강산 정양사 경내에 있는 누각이다. 금강산 일만 이천 봉을 이곳에서 한눈에 볼 수 있다고 한다.
- 파옹坡翁 : 중국 송나라의 대표적인 시인 소동파蘇東坡이다.
- 여악례廬嶽例 : 소동파의 여산 시를 말한다. 「제서림벽題西林壁」 시에 '가로로 보면 산마루요 곁에서 보면 봉우리, 원근에 따라 높고 낮음이 각각 다르네. 여산의 진면목을 알지 못하는 까닭은, 다만 이 몸이 이 산 가운데 있기 때문일세'라고 하였다.
- 휴장休將 : ~ 하지 말아야지, 애써서 만들 필요 없다는 말이다.

작자

강세황의 호는 표암豹菴이다. 시·서·화에 모두 뛰어난 삼절三絶로 이름났으며, 영조와 정조가 모두 그의 재주를 아껴 활동에 많은 배려를 해 주었다. 남종문인화와 인물화에 두루 뛰어났으며 현재 많은 작품이 남아 있다. 그는 '산에 다니는 것은 인간으로서 고상한 일이지만, 금강산을 구경하는 것은 저속한 일이다'라고도 하였다. 이는 그 당시 '금강산을 보면 지옥에 가지 않는다'는 말이 있어서, 누구나 할 것 없이 다 금강산을 갔던 일을 우습게 말한 것이었다. 그런데 그도 76세가 되었을 때 아들이 회양에 부임하자 아들을 만나러 가는 길에 금강산을 유람하였다. 그때 금강산 그림을 그리기 위해 온 김홍도 일행을 만난 기록이 전한다.

* 채제공(蔡濟恭, 1720~1799)

삼일포에 배 띄우고

외로운 배 위에 솔 그림자 싣고
호수가 정자 곁에 한가히 떠있네
신선의 옛 자취 서글프기만 한데
복숭아꽃 해마다 곱게도 피어나네

泛舟三日浦	범주삼일포
孤舟栽松影	고주재송영
閑傍水中坮	한방수중대
惆悵神仙事	추창신선사
桃花歲歲開	도화세세개

주석

- 삼일포三日浦 : 강원도 고성군 외금강면 남쪽에 있는 호수 이름으로, 관동팔경의 하나이다. 신라 때 영랑·술랑·안상랑·남석랑 네 국선國仙이 사흘 동안 이 호수에서 놀았다는 전설이 있다.
- 도화桃花 : 무릉도원武陵桃源으로, 세상을 피해 은거하는 곳 또는 이상향理想鄕을 가리키는 말이다.

작자

채제공의 호는 번암樊巖이다. 조정의 주요 관직을 두루 거쳐 벼슬이 영의정에 이르렀다. 당대 기호남인畿湖南人의 영수였다. 문집 『번암집』이 있다.

* 신광하(申光河, 1729~1796)

금강산가

그대는 보지 못하는가 금강산이 사만 팔천 자나 곧추 치솟아
바로 담무갈이 사는 곳이란 걸
하늘 빛 바다 색 서로 어울려 맞닿아
바위의 형상도 만고부터 공중에서 빛났지
이십팔수 별자리 빽빽이 벌어지고
삼십육제 다투어 날아오르는 곳이라네
바람은 요대의 눈을 쓸어내리고
천 길 벼랑 만 골짜기 깨끗함을 다툰다네
(절선)

金剛山歌	금강산가
君不見金剛之山直上四萬八千尺	군불견금강지산직상사만팔천척
乃是曇無碣之所宅	내시담무갈지소택
天光海色相磨歙	천광해색상마합
石狀萬古空中白	석장만고공중백
二十八宿森開張	이십팔숙삼개장
三十六帝參翱翔	삼십육제삼고상
天風吹落瑤臺雪	천풍취락요대설
千厓萬洞爭皓潔	천애만동쟁호결
(節選)	

주석

- 긴 장시로 된 「금강산가」이다. 중국의 곤륜산과 비교하면서 원기元氣가 출입하는 곳이라고 하였다.
- 담무갈曇無碣 : 금강산에 산다는 보살이다. 『화엄경華嚴經』에서 '동북쪽 바다 가운데에 금강산이 있는데, 그곳에서 담무갈보살曇無竭菩薩이 1만 2000 보살과 함께 항상 반야般若를 설법하고 있다.'라고 하였다.
- 합欱 : 한데 아우를 합. 하늘과 바다가 서로 맞닿았다는 뜻이다.
- 삼參 : 빽빽이 들어설 삼, 별들이 하늘에 가득 차 있다는 뜻이다.
- 고상翺翔 : 날아다닌다는 뜻이다.
- 요대瑤臺 : 신들의 훌륭한 궁전을 말한다.

작자

신광하의 호는 진택震澤이다. 시로 이름이 났고, 그의 백두산 시가 유명한데, 이 「금강산가」도 절창임을 알 수 있다. 다산 정약용이 '진택은 평소에 시 즐기기를 창포김치 즐기는 것보다 더 했으니, 이제 시로 제사지내면 그가 흠향하고 좋아함이 여타의 안주와 반찬 따위에는 비교가 되지 않을 것입니다. 어떻겠습니까?'라고 하였다. 그는 금강산 유람을 하고 「동유기」를 남겼고, 시를 「동유록」 「풍악록」 등으로 엮었다.

* 박지원(朴趾源, 1737~1805)

총석정에서 해돋이를 보며

(상략)
여기서 총석까지는 겨우 십 리 남짓 거리
아득한 바닷가로 달려가 해돋이 구경하세
하늘과 물은 한데 맞붙고 해 솟을 조짐 안 보이는데
거센 물결이 기슭을 치니 뇌성벽력이 이는 듯
검은 바람 세차게 바다를 몰고 달려드니
산들도 뿌리가 뽑히고 수많은 바위 돌 무너질 듯
고래와 곤이 다투다가 육지로 튀어나올 듯
거센 바다 하도 사나와 대붕도 날아오를 듯
(하략)

叢石亭觀日出　　총석정관일출

(上略)
此去叢石只十里　　차거총석지십리
正臨滄溟觀日昇　　정림창명관일승
天水澒洞無兆眹　　천수홍동무조짐
洪濤打岸霹靂興　　홍도타안벽력흥
常疑黑風倒海來　　상의흑풍도해래
連根拔山萬石崩　　연근발산만석붕
無怪鯨鯤鬪出陸　　무괴경곤투출륙
木虞海運値捕鵬　　목우해운치포붕
(下略)

주석

- 총석정叢石亭 : 총석정은 바닷가에 있어서 일출을 보는 명소였다.
- 홍동澒洞 : 어지러운 모습으로, 여기서는 한데 맞붙어 있는 모습을 말한다.
- 경곤鯨鯤 : 고래와 곤어를 가리킨다. 곤어는 북해北海에 살며 크기가 몇 천 리나 되는지 알 수 없다는 물고기로, 『장자』「소요유」에 나오는 말이다.

작자

박지원의 호는 연암燕巖이다. 한때 양양부사를 하였으나 거의 평생을 실학의 연구와 창작에 바쳤다. 유명한 중국 여행기 『열하일기』를 창작하여 자신의 실학적 지향을 명백히 하였다. 그의 실학사상은 소설 『양반전』, 『허생전』 등에도 집중적으로 표현되었다. 문집으로 『연암집』이 전한다.

* 윤기(尹愭, 1741~1826)

풍악산 스님의 시축에

금강산 좋은 경치 일찍이 실컷 들었는데
이 스님이 하는 말도 온통 신선 세계
훗날 나도 선경 찾아 금강산에 들어가면
일만 이천 봉우리 그대와 함께 오르리

楓嶽山僧詩軸　　풍악산승시축

金剛名勝飽聞曾　　금강명승포문증
滿說仙區又此僧　　만설선구우차승
待吾他日尋眞入　　대오타일심진입
萬二千峯共爾登　　만이천봉공이등

주석

- 이 시의 제목에 '나는 평소에 스님의 시축詩軸(시를 적는 두루마리)에 글 써주기를 좋아하지 않는다. 이번에 우연히 용문사龍門寺에서 풍악산 스님을 만났는데, 그 중이 자기 시축에 시를 써달라고 청하여 간단히 글을 써주었다.'라고 덧붙였다.
- 승시축僧詩軸 : 스님이 만든 시축을 말한다. 조선시대 시를 적은 시축을 가지고 다니는 스님들이 많았다.

작자

윤기의 호는 무명자無名子이다. 성호 이익의 문인이다. 스승의 말에 따라 『논어』를 학문의 중심에 두었다고 한다. 그는 금강산이나 북한산 등에 대한 많은 시문을 남겼다.

* 박제가(朴齊家, 1750~1805)

금강산

하루에 한 봉우리 지팡이 짚고 오른다면
한 번 돌아보는 데 삼십년은 걸리겠네
황하 구천 리에 곤륜산이 제일 높고
진나라 백두 고을 중 옹주를 일러왔네
높고 낮은 봉우리들 그 모양은 천차만별
아득한 산 모습 한눈에 볼 수 있네
개골이라 이름 되듯 돌산이지만
단풍이 많은 때 가을이 제철이지
(절선)

金剛山	금강산
携笻一日一峰登	휴공일일일봉등
百歲三分始一周	백세삼분시일주
河曲九千崑最大	하곡구천곤최대
秦世百二雍堪儔	진세백이옹감주
高低自有千般異	고저자유천반이
崱屴都將一覽收	즉력도장일람수
皆骨為名山是石	개골위명산시석
多楓之故地宜秋	다풍지고지의추
(節選)	

주석

- 작자의 이 「금강산」시는 100여 구에 이르는 장시로, 금강산의 모습이 얼마나 광대무변한가를 말하고 있다.
- 곤崑 : 곤륜산을 말한다. 중국의 서쪽에 있다는 상상 속의 산으로, 서왕모西王母가 그곳에 살며, 산 위에는 예천醴泉과 요지瑤池가 있다고 한다.
- 즉력崱屴 : 우뚝 솟아 까마득하다는 말이다.

작자

박제가의 호는 초정楚亭이다. 연암 박지원의 제자로 선진기술의 연구와 도입에 깊은 관심을 가졌다. 시에도 능하여 명망이 높았다. 서자라는 이유로 등용되지 못하다가 정조대에 규장각 검서관, 연평현령 등을 지냈다. 저술로 『북학의』를 남겼고, 문집 『초정집』이 전한다. 또 금강산을 보고 유람하였던 제주 여인 만덕의 이야기를 「만덕이 제주로 돌아감을 전송하는 시/ 送萬德歸濟州詩」로 남기기도 하였다.

* 정조(正祖, 1752~1800)

금강산 유람

갑자기 운안의 술파도 소리 생각이 나
팔월 금강산에 도포 자락 떨치는가
아름다운 경치는 봉래와 가까운걸 알겠는데
가을빛은 산과 바다가 깨끗함을 다툰다지
정절은 황공 대 위의 학처럼 아름답고
경륜은 자라를 낚던 임공자와 같아라
경은 소의한식 바라는 내 마음 알 테니
민정을 잘 살피어 좋은 시에 담아 오시게

遊金剛	유금강
忽憶雲安聽酒濤	홀억운안청주도
金剛八月拂塵袍	금강팔월불진포
烟光知是蓬萊近	연광지시봉래근
秋色爭如海嶽高	추색쟁여해악고
旌節黃公臺上鶴	정절황공대상학
經綸任子釣邊鼇	경륜임자조변오
卿能認我宵衣夢	경능인아소의몽
輸得民情入彩毫	수득민정입채호

주석

- 이 시는 원래 '금강산에 유람 가는 제학 심환지를 보내며/ 送提學沈煥之遊金剛'라고 되어 있다. 정조는 1798년 심환지(1730~1802)에게 금강산 유람을 가게 한다. 최근 정조의 비밀편지라고 하여, 심환지에게 보냈던 많은 편지가 알려지기도 하였다.
- 운안雲安 : 중국 사천성四川省에 있는 현縣의 이름이다. 국미춘麴米春이라는 유명한 술의 산지이다.
- 연광烟光 : 안개 빛, 풍광, 아름다운 경치를 뜻한다.
- 해악海嶽 : 바다와 산악을 뜻한다.
- 정절旌節 : 임금의 명을 받아 지방을 다스리기 위해 나가는 관찰사, 혹은 명령에 따라 지방으로 나가는 이가 임금으로부터 받는 신표이다.
- 황공黃公 : 상산사호商山四皓 가운데 한 사람인 하황공夏黃公을 말한다. 은거하여 세상에 나오지 않았다 한다.
- 임자任子 : 임공자이다. 고대 전설 속의 물고기를 잘 잡는 사람으로 임보任父라고도 불린다.
- 소의宵衣 : 보통 소의한식宵衣旰食이라 하는데, 이는 날이 채 밝기 전에 옷을 입고 해가 진 후에 저녁밥을 먹는다는 뜻으로, 임금이 정사에 힘쓴다는 말을 비유한 것이다.

작자

조선 22대 임금인 정조는 금강산에 아주 관심이 많았다. 김홍도에게 시켜 「금강산도」를 그리게 하여 70폭이나 되는 대작을 궁중에 비치하였다. 이에 대하여 이덕무, 서유본 등에게 장시를 짓게 하였으며, 여러 신하들에게 금강산 만이천봉을 시로 짓게도 하였다. 당대 문화를 이끌었던 정조는 당시의 진경문화예술에 대한 관심과 후원을 아끼지 않았다. 문집으로 『홍재전서弘齋全書』를 남겼는데, 그 분량은 무려 184권 100책이다.

* 서영보(徐榮輔, 1759~1816)

병풍에 중향성을 그리다

종소문처럼 평생토록 좋아한 산수
고장군처럼 멋지게 그린 단청
거문고와 책과 함께 봉우리 속으로 들어가
날마다 창에 비치는 흰 구름이 되고 싶어

屛風畫衆香城　　병풍화중향성

山水平生宗少文　　산수평생종소문
丹青能寫顧將軍　　단청능사고장군
琴書携向群峯住　　금서휴향군봉주
日照寒窓欲白雲　　일조한창욕백운

주석

- 종소문宗少文 : 중국 남북조 시대의 화가 종병宗炳을 말한다. 소문은 그의 자字이다. 산수유람을 즐겼고, 노년에는 산수를 벽에 걸어 놓고 그림으로 산수를 즐긴 와유臥遊 사상으로 유명하다.
- 고장군顧將軍 : 동진의 저명한 화가인 고개지顧愷之를 말한다. 일찍이 진군장군鎭軍將軍을 역임해서 고장군이라는 칭호를 얻었다.

작자

서영보의 호는 죽석竹石이다, 벼슬은 대제학·호조판서 등을 지냈다. 문장과 글씨에 뛰어났다고 알려졌으며, 문집 『죽석문집』이 있다. 또 금강산 유람기인 「풍악기楓嶽記」가 있다.

* 초의선사(草衣禪師, 1786~1866)

금강산을 유람하며

일만 산이고 만 리 물이라는데
첩첩한 산 울창하게 하늘로 솟아
가파른 바위마다 빼어나기만
모두 의젓하고 엄숙하여라
졸졸 흐르는 물소리 서로 울리다가
옥색 못에 모여 들면 조용히 넘실넘실
활기차게 걸어서 물줄기 찾아 오르니
경계 깊은 데 발원하는 곳 어디일까

遊金剛山	유금강산
山萬疊兮水萬里	산만첩혜수만리
重重疊疊鬱穹窿	중중첩첩울궁륭
崢嶸參錯奇秀傑	쟁영참착기수걸
皆含肅穆正齊容	개함숙목정제용
琮琤喧吼遞相響	종쟁훤후체상향
時會碧潭靜溶溶	시회벽담정용용
闊脚步步尋源去	활각보보심원거
境深步窮源不窮	경심보궁원불궁
(節選)	

주석

- 28구의 장시이다. 금강산만큼 오묘한 이야기를 표현하였다.
- 종쟁琮琤 : 쫄쫄거리며 흐르는 물소리이다.
- 용용溶溶 : 넘실거리는 모양이다.

작자

초의선사의 이름은 의순意恂이다, 조선 후기의 승려로 차문화를 일으키기도 하였다. 특히 추사 김정희와 방외方外의 사귐을 맺었다. 그의 차에 관한 저술 「동다송」이 있고, 문집으로 「초의시집」이 있다.

* 김병연(金炳淵, 1807~1863)

금강산으로 들어가며

붓 잡고 백발 되고 칼 잡고 늙어
이 세상 다 살아서 한만 깊어라
장안에서 열 말 술 한 없이 들이키고
가을바람 삿갓 쓰고 금강산에 들어가네

入金剛山　　입금강산

書爲白髮劒斜陽　　서위백발검사양
天地爲窮一恨長　　천지위궁일한장
痛飮長安紅十斗　　통음장안홍십두
秋風簑笠入金剛　　추풍사립입금강

주석

- 장안長安 : 서울이다.
- 십두十斗 : 열 말 술을 들이킨다는 말은 세상에서는 한이 많아 술만 마시고, 속세를 떠나 금강산에 들어간다는 뜻이다.

작자

김병연은 조선후기 유명한 풍자 시인이다. 김삿갓, 김립 등으로 불렸다. 호는 난고蘭皐이며 풍자해학적인 시를 많이 썼다. 곳곳에 흩어져 있는 그의 시는 모두 500여 수 정도로 추정된다. 그의 시 일부를 모은 시집 『김립시선』이 있는데, 금강산 시도 여러 수 실려 있다.

* 한장석(韓章錫, 1832~1894)

장안사에서 비를 만나다

그대와 서로 옥경을 걷기로 기약했더니
봉래산 제일의 동천 속을 가는구나
비 맞고 바위 옆에서 자는 것 가련하지만
비낀 봉우리 안개 속에 평평함을 본다네
샘에서 불심을 얻은 듯 참 본성을 보고
산 이름은 승려의 손길 따라 비로소 아네
안개 노을과 일찍 인연 맺어 원념이 많은데
해상 신선의 거처에서 갓끈을 씻을 만하네

長安寺値雨	장안사치우
與子相期步玉京	여자상기보옥경
蓬萊第一洞中行	봉래제일동중행
剛憐被雨巖邊宿	강련피우암변숙
但看橫峯霧裏平	단간횡봉무리평
泉得佛心眞見性	천득불심진견성
山從僧手始知名	산종승수시지명
煙霞早結多生願	연하조결다생원
海上仙居可振纓	해상선거가진영

주석

- 장안사長安寺 : 장안사는 강원도 금강산에 있는 큰 절이다. 주위의 경치가 좋기로 유명하다.
- 옥경玉京 : 도가道家에서 말하는 선경仙境으로 금강산을 가리킨다.
- 봉래蓬萊 : 봉래산. 전설 속 삼신산三神山 중의 하나로, 여기서는 금강산의 별칭이다.
- 생원生願 : 불교에서 말하는 중생을 위해 좋은 일이 있는 곳에 태어나기를 바라는 원념이다.

작자

한장석의 호는 미산眉山이다. 대제학이 되었고 함경도 관찰사를 지내기도 하였다. 당대의 문장가로 이름이 높았다. 문집 『미산집』이 있다.

* 윤종섭(尹鍾燮, 1791~1870)

단발령에서 풍악을 바라보며

상제께서 백옥루에 거하실 적에
층층구름 구슬장막에 맑은 가을 펼치었네
별 이고 달 차고 수림과 마주 앉으니
모임 끝난 신선들 여기에 모두 내려온 듯

斷髮嶺回看楓嶽　단발령회간풍악

上帝高居白玉樓　상제고거백옥루
層雲寶帳護淸秋　층운보장호청추
星官月佩森相向　성관월패삼상향
朝退羣僊下十洲　조퇴군선하십주

주석

- 원제가 '단발령에서 풍악을 바라보다. 그 전체 모습이 보이지 않았다. 백운이 골짜기에서 일어나니, 진실로 우리나라의 절승이다/ 斷髮嶺回看楓嶽, 全局非山嶽也. 乃白雲起洞中, 儘東國絶勝也'라고 설명이 되어 있다.

작자

윤종섭의 호는 온유재溫裕齋이다. 오희상의 문인으로 성리학에 탁견卓見이 있었다. 문집 『온유재집』이 있다.

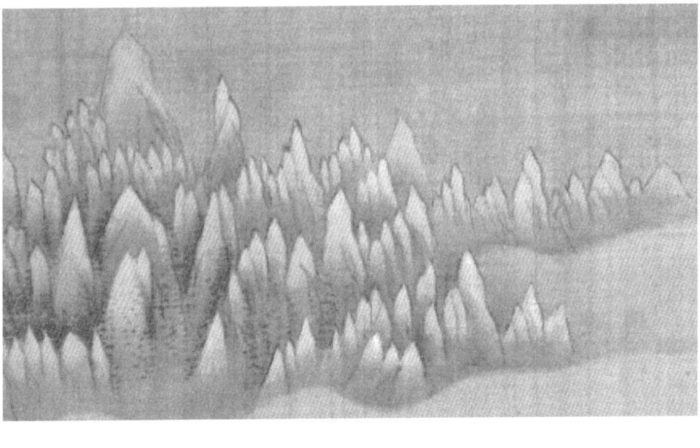

* 강위(姜瑋, 1820~1884)

풍악 제일봉

푸른 산 끝이 없고 바다도 고요한데
비로봉 절정에서 벗과 밤을 지새우네
동천에 솟는 해를 조금 늦춰 보려는 듯
하늘 가득 별무리와 찬 기운이 서려있나

楓岳第一峰	풍악제일봉
峰青無際海無瀾	봉청무제해무란
絶頂毗盧夜同闌	절정비로야동란
歛遲扶桑三丈日	감지부상삼장일
一天星斗一天寒	일천성두일천한

주석

- 감지歛遲 : 바랄 감歛으로 조금 늦추기를 바란다는 말이다.
- 삼장三丈 : 세 길. 여기서는 해가 높이 솟는 것을 가리킨다.

작자

강위의 호는 추금秋琴이다. 김택영, 황현과 함께 '한말韓末 3대 시인'으로 일컬어졌다. 『황성신문』 기자로 있으면서 우국의 심정을 담은 시와 글들을 다수 발표하였다. 문집으로 『고환당집』이 전한다.

* 최익현(崔益鉉, 1833~1906)

비로봉

금강산 최고봉 생각은 오래 했지만
속세 인연으로 여기 올 줄 미처 몰랐네
사방으로 뻗친 가지 뿌리에 의지했고
둘러싼 여러 봉우리 주봉을 쳐다보네
북두칠성이 지척에서 살펴보는 듯
만 리 동쪽 바다 가슴을 씻어 주네
붉은 노을 푸른 잣나무 우거진 곳에
높은 아취는 참으로 신선을 따르는 듯

毗盧峰	비로봉
準擬金剛最屹峯	준의금강최흘봉
俗緣未料的源逢	속록미료적원봉
蔓延枝葉依根本	만연지엽의근본
羅立兒孫仰祖宗	나립아손앙조종
北斗七星臨咫尺	북두칠성림지척
東溟萬里蕩心胸	동명만리탕심흉
丹霞翠栢交陰處	단하취백교음처
逸趣眞如羽客從	일취진여우객종

주석

- 준의準擬 : 견주어 비긴다는 뜻으로, 생각하다는 말이다.
- 조종祖宗 : 여기서는 비로봉을 말한다.
- 우객羽客 : 우화등선羽化登仙한다는 신선이다.

작자

최익현의 호는 면암勉菴이다. 이항로의 문인으로 경기도 관찰사 등에 임명되었으나 모두 사퇴하고, 후학을 가르쳤다. 을사조약이 체결되자 「창의토적소倡義討賊疏」를 올리고 전라도 일대에서 의병을 일으키고 일제와 싸웠다. 74세의 고령으로 태인泰仁과 순창淳昌에서 의병을 이끌고 관군 및 일본군에 대항하여 싸웠으나 패전하였다. 그 후 체포되어 대마도에 끌려가서도 끝까지 지조를 굽히지 않고 운명하였다. 문집으로 『면암집』이 있다. 그는 50세 되던 해 금강산을 올라 40여 수의 금강산한시를 남겼다.

* 곽종석(郭鍾碩, 1846~1919)

구룡폭포

멀리 보니 비단 한 필 구름 끝에 펼친 듯
산속 깊이 들어와 눈으로 바라보네
사악한 무리 못 들어오게 골짝엔 우레 소리
여름 더위 몰아내듯 못 위엔 눈발
괴로워라 선비의 옷차림으로 거센 자연과 맞서다니
석벽에 새긴 큰 글씨 교룡이 꿈틀거리듯
십 년 동안 내 가슴 속 서려있던 울분 뿜어
푸른 하늘 향하여 한번 소리쳐 웃어보노라

九龍淵瀑	구룡연폭
遥看練疋掛雲梢	요간연필괘운초
趲到山窮足目交	찬도산궁족목교
洞府驅邪雷忽盪	동부구사뇌홀탕
潭神喝暑雪爭拋	담신갈서설쟁포
正悶緇衣遭悍鰐	정민치의조한악
翻驚大筆鬪騰蛟	번경대필투등교
胷中十載虹蜺氣	흉중십재홍예기
笑向蒼空一鮮嘲	소향창공일선조

주석

- 설쟁포雪爭抛 : 눈이 다투어 던져진다는 말인데, 폭포의 흰 물결이 부서진다는 뜻이다.
- 치의緇衣 : 중이 입는 검은 물을 들인 옷이다. 초야의 선비를 가리키는 말이기도 하다.

작자

곽종석의 호는 면우俛宇이다. 벼슬은 한때 의정부 찬정을 지냈으나 곧 벼슬길에서 물러나 문필활동을 하였다. 민족적 지조를 지켜 경상도 거창의 깊은 산속에 들어가 농사를 지으면서 제자를 길렀다. 문집으로 『면우집』이 있다.

* 김택영(金澤榮, 1850~1927)

풍악을 유람하며

가는 길 명산에 다가가니
명산이 먼 줄을 더욱 알겠네
아득하여라 백팔 구비의 모습이
스님의 공양에는 이르지 못하겠네

游楓岳 유풍악

行到名山近 행도명산근
愈覺名山遠 유각명산원
迢迢百八盤 초초백팔반
未趁羣僧飯 미진군승반

주석

- 이 시는 단발령에 이르러 지은 것이라는 주가 붙어 있다. 단발령은 금강산 초입의 고개이다.
- 백팔반百八盤 : 백팔 구비는 흔히 꼬불꼬불 험난한 산길을 형용하는 말이다.
- 군승반羣僧飯 : 여러 스님의 공양을 말한다.

작자

김택영의 호는 창강滄江이다. 을사조약 이후 중국으로 망명하여 강소성 남통南通에서 출판사 일을 하였다. 『매천집』『연암집』 등 여러 책들을 출판하다가 운명하였으며, 그곳에 묘소가 남아 있다. 또 고문古文에 관심이 많아 『여한구가문초麗韓九家文鈔』를 편집하였으며, 『한국소사韓國小史』, 『한사경韓史綮』 등 우리 역사를 정리하는 작업을 하였다. 대표작으로는 그의 역사의식이 잘 드러난 「오호부嗚呼賦」가 있으며, 문집 『창강고滄江稿』와 『소호당집韶濩堂集』 등이 있다.

* 황현(黃玹, 1855~1910)

해금강

바다 속 봉래산 볼수록 아름다워
험준한 바위와 골짜기 더욱 장하여라
불두와 선인장같은 산봉우리 삼천 겹이고
이무기 자라 비석은 만년의 서리를 겪었네
물거품이 바위로 변하였다 말할 순 없지만
엉긴 안개 형체를 이루었다 생각할 뿐이네
푸른 바다 밑바닥을 다 비쳐볼 수 없으나
푸른 바다 언젠가 뽕나무 밭이 될 테지

海金剛	해금강
入海蓬山更可憐	입해봉산갱가련
嵌巖峯壑尚依然	감암봉학상의연
佛頭仙掌三千疊	불두선장삼천첩
蜃雨鰲霜一万年	신우오상일만년
難道泡漚能化石	난도포구능화석
強求形氣是凝烟	강구형기시응연
無由遍照青蒼底	무유편조청창저
只算蒼桑劫後田	지산창상겁후전

주석

- 이 시는 1880년, 작자의 나이 26세에 지은 것이다.
- 해금강海金剛 : 외금강 동쪽 동해안으로 뻗은 명승으로, 경치가 금강산을 닮았다 하여 이렇게 불렀다. 통천의 총석정, 삼일포 등을 다 포함한다.
- 감암嵌巖 : 험준한 바위를 말한다.
- 불두선장佛頭仙掌 : 불두는 석가모니釋迦牟尼의 두발頭髮이 청색靑色이었다는 전설에 의해 푸른 산 빛을 '불두청佛頭靑'이라 칭하는 데서 푸른 산봉우리를 가리킨다. 선장은 선인장仙人掌, 즉 선인의 손이라는 뜻으로 역시 높이 솟은 산봉우리를 가리키는 말이다.
- 신우오상蜃雨鰲霜 : 비석이 비와 서리를 맞는다는 뜻이다. 비석의 위에는 이무기[蜃]가 조각되어 있고, 또 자라[鰲]가 비석을 지고 있다고 하여 신오蜃鰲라고 하면 비석을 가리킨다.

작자

황현의 호는 매천梅泉으로, 한말 대표적인 애국시인이다. 시문에 능하여 생원진사시에 급제하였으나 시국이 혼란하여 돌아와서 시작詩作에만 전념하였다. 일제가 우리나라를 강제로 합병하자 망국의 울분을 이기지 못하고 음독자결하였다. 저서로 『매천야록』이 있으며, 문집으로 『매천집』이 있다. 그의 한시는 2500여 수가 넘게 남아 있고, 30여명의 문인들이 매천시파를 형성하며 그의 시세계를 이어갔다.